AF226692

# PROGRAMME

DU

## NOUVEL ORDRE POLITIQUE

BASÉ SUR

LE PLAN D'ORGANISATION UNIVERSELLE

DU

LIVRE - PRÉCURSEUR

PAR

## JEAN - JOSEPH BREMOND

Prix : 5 francs

PARIS

CHEZ L'AUTEUR

RUE GASTON DE ST-PAUL, 2

1886

# PROGRAMME

## DU

# NOUVEL ORDRE POLITIQUE

# AVIS

*Les derniers deux cents exemplaires du* PLAN DU LIVRE-PRÉCURSEUR, *primitivement cotés 2 francs, ont été mis à 5 francs pour la publication du* LIVRE-RÉDEMPTEUR, PROGRAMME DU NOUVEL ORDRE POLITIQUE.

*Ces derniers exemplaires, annotés à la main et mis à la disposition des souscripteurs, sont numérotés et signés, ainsi que les cent exemplaires de la présente édition.*

S'adresser à M. BREMOND, 2, rue Gaston-de-Saint-Paul (quai de Billy).

# PROGRAMME

## DU

# NOUVEL ORDRE POLITIQUE

BASÉ SUR

## LE PLAN D'ORGANISATION UNIVERSELLE

DU

## LIVRE-PRÉCURSEUR

PAR

## JEAN-JOSEPH BREMOND

---

### SOMMAIRE

Aux Conservateurs. — L'ordre mis à la place du désordre. — Question politique. — Question sociale. — Question générale et universelle. — Principes généraux du nouvel ordre politique. — Devise fondamentale de l'ordre nouveau. — Nouvelle organisation politique et administrative du territoire français. — Les deux étendards de la France nouvelle. — L'hymne de la guerre et l'hymne de la paix. — La légion humanitaire substituée à la légion d'honneur. — Calendrier des temps nouveaux. — Constitution du nouvel ordre politique. — Transformation des Tuileries en quartier général de la Représentation nationale. — Programme avant-garde. — Appel au suffrage national.

---

## PRIX : 5 FRANCS

---

## A PARIS, CHEZ L'AUTEUR

Rue Gaston-de-Saint-Paul, 2

—

1886

# AUX CONSERVATEURS

Dans le même esprit d'union et de concorde nous sommes allé aux représentants les plus autorisés de la démocratie, comme nous venons encore aujourd'hui aux conservateurs militants de bonne volonté, allant d'un camp à l'autre, jusqu'au jour où l'OEuvre nouvelle aura enfin pénétré dans l'esprit public.

Jusqu'à présent, il est vrai, aucune initiative n'a encore été prise ni d'un côté ni de l'autre, et la même indifférence règne dans les deux camps. Mais le moment n'est pas loin où une détermination virile deviendra inévitable, et ceux qui entreront les premiers dans l'action féconde n'auront qu'à se féliciter de leur résolution, dans le présent et dans l'avenir.

Si le peuple, toujours déçu dans ses espérances les plus légitimes, cherche dans les moyens extrêmes l'amélioration de son état social, c'est qu'il a cette conviction justifiée, que ceux auxquels il a donné ses suffrages pour représenter ses intérêts n'ont jamais su qu'exploiter le pays à leur profit, au lieu de l'administrer dans l'intérêt de tous.

Les conservateurs intelligents, ayant cette même conviction à l'égard de ceux qui dirigent les affaires publiques, ont donc le plus grand intérêt à unir leurs efforts à ceux du peuple, en adoptant le même Programme libérateur, qui sera pour eux, comme pour le pays tout entier, le véritable instrument de salut.

Et alors la France, redevenue grande et puissante par l'union de tous ses enfants, de tous ceux qui aiment l'ordre, la justice et la liberté, reprendra bientôt le rang qui lui est assigné parmi les nations, et elle étonnera le monde par l'éclat de son réveil.

Paris, 22 mai 1886.

# PROGRAMME

DU

# NOUVEL ORDRE POLITIQUE

---

## L'ORDRE MIS A LA PLACE DU DÉSORDRE

Le Plan du Livre-Précurseur, conçu au milieu des tressaillements populaires de 1848, à la vue de l'antagonisme des pouvoirs publics et de l'incohérence de l'administration gouvernementale, est demeuré incompris jusqu'à maintenant. Et aujourd'hui même, à part quelques rares exceptions, on ne voit encore dans ce Plan qu'une grande utopie non réalisable, malgré la simplicité de son application et l'insuccès réitéré des divers régimes qui ont prévalu jusqu'à ce jour.

Mais, si le Plan du Livre-Précurseur a été méconnu, le Programme, qui en est la haute expression, s'imposera de lui-même à l'attention publique, forcément éveillée par les événements.

Et, en vérité, le malaise causé par l'instabilité du régime actuel s'aggravant chaque jour davantage, on peut prédire, sans être prophète, que le temps viendra bientôt, s'il n'est déjà très prochain, où les questions les plus redoutables seront posées à la société moderne.

Que fera-t-on alors?

Car alors la violence dominera tout. Les propositions les plus justes et les plus raisonnables seront méconnues, les avis les plus conciliants repoussés, et aucune digue ne pourra résister au fleuve débordé.

Aujourd'hui, avec de la résolution et de la bonne volonté, ces grandes questions de l'avenir, que les gouvernants du jour sont si loin de comprendre, pourraient encore se résoudre pacifiquement. Mais, pour obtenir ce résultat désiré par tous les gens de bien, il faut que les conservateurs, que les hommes éminents qui sont encore dominés par les souvenirs glorieux et respectables du passé, que tous ceux enfin qui aiment l'ordre et la liberté sans repousser le progrès, reconnaissent franchement et sans arrière-pensée l'impossibilité de faire rétrograder les événements, pour rétablir des institutions qui ne sont plus en harmonie avec les aspirations nationales des temps nouveaux.

Alors, mieux éclairés sur leurs véritables intérêts mis en conformité avec les vœux du pays, il leur sera facile, par une intelligente initiative, de prendre eux-mêmes la direction supérieure de l'évolution nouvelle qui s'accomplit à l'heure présente, aux yeux des moins clairvoyants, jusque dans les centres les plus infimes de la population.

Et ce n'est que par cette ferme résolution et cette virile initiative qu'on pourra éviter les fausses directions et prévenir d'imminentes catastrophes.

Armé du flambeau de l'avenir, et surtout de la foi qui soulève les montagnes, il faut donc se hâter d'entrer résolument dans la voie des revendications populaires, et ne pas attendre le mot fatidique :

*Il est trop tard.*

Au radicalisme erroné, incohérent, destructeur, il faut opposer courageusement le radicalisme rationnel, organisé, fécondateur, mettre, en un mot, l'ordre à la place du désordre, non l'ordre de la compression et du silence, qui est celui de la tyrannie, mais l'ordre véritable de la vie et de la liberté, dont le **Plan du Livre-Précurseur** est l'expression la plus complète, la plus nationale et la plus universelle.

Le Plan d'organisation du Livre-Précurseur peut se résumer en trois questions principales :
Question politique,
Question sociale,
Question générale et universelle.

## QUESTION POLITIQUE

La question politique est tout entière dans l'organisation nouvelle du suffrage national et des pouvoirs publics.

*Suffrage national.* — Pour être l'expression véritable et régulière des populations, le suffrage national, qui actuellement n'est, pour ainsi dire, qu'une incohérence électorale, allant à droite ou à gauche aux moindres incidents qui se produisent dans un sens ou dans l'autre, sera organisé de manière à faire prévaloir l'intelligence et non le nombre, en mettant l'élément supérieur du pays à la tête du gouvernement. Prenant pour base la commune, et pour sommets les chefs-lieux et la capitale, il sera universel à la base dans sa plus large acception, et hiérarchique aux sommets dans sa plus haute et sa plus intelligente manifestation. Et, dans ses différentes ramifications, il sera, tout à la fois, conforme à la décentralisation administrative et à la plus parfaite unité nationale.

*Pouvoirs publics.* — Quant à l'organisation des pouvoirs publics, l'unité administrative étant la première condition de puissance et de stabilité d'un bon gouvernement, cette organisation primordiale de l'administration supérieure comprendra :

1° Une Assemblée unique, permanente, renouvelée par moitié annuellement, à une époque régulière et déterminée;

2° Une Commission exécutive de vingt-quatre représentants, nommée directement par l'Assemblée;

- 3° Un chef d'État.

Le chef de l'État, centre de ralliement général, aussi nécessaire à l'homogénéité administrative qu'à la stabilité des institutions, sera élu à vie par le suffrage national dans sa plus haute expression, et de grandes fêtes publiques présideront avec solennité à son avènement ou à son installation. Mais la situation de l'Élu de l'ordre nouveau, quoique différente de celle du premier magistrat de l'ordre actuel, n'aura cependant aucun rapport avec celle des souverains de l'ordre ancien.

La Commission exécutive remplacera les ministres auprès du chef d'État, et les différents ministères seront dirigés par des hommes spéciaux, sans attache parlementaire, nommés par la Commission.

Ainsi, à l'avenir, il n'y aura plus de crise ni de question ministérielle dans le gouvernement, mais seulement une Commission exécutive chargée de recevoir et de faire exécuter les ordres de l'Assemblée nationale sans avoir à les discuter. Si des difficultés ou des lacunes imprévues se présentent dans l'application, l'un des membres de la Commission, délégué par le chef de l'État, les fera connaître à l'Assemblée, qui les appréciera et modifiera, s'il y a lieu, ses premières délibérations.

*Sénat.* — Le Sénat, simplement détaché de la direction supérieure du gouvernement pour en rétablir l'unité, sera conservé en modifiant ses attributions. Il ne sera plus assemblée délibérante, mais il deviendra l'auxiliaire indispensable de l'Assemblée nationale pour l'étude des réformes et des divers projets d'amélioration réclamés par le pays.

Les attributions du nouveau Sénat auront trois sections principales. La première comprendra l'élaboration des réformes à réaliser, et la deuxième celle des cartes et plans d'exécution. La troisième aura la rédaction technique des projets de loi en délibération, ainsi que la révision du Code, impliquant l'abrogation de toute loi ancienne non inscrite dans le code nouveau : car, si nul n'est censé ignorer la loi, il n'est que juste d'en mettre la connaissance à la portée de tous.

Chacune des trois sections sénatoriales sera donc composée d'hommes spéciaux et compétents, en rapport avec le travail qui leur sera confié par les représentants du pays. Les hommes à esprit ingénieux et méthodique conviendront plus particulièrement à la première, les ingénieurs et les financiers à la deuxième, les savants, les légistes et les littérateurs à la troisième.

Un journal spécial sera attaché au nouveau Sénat pour rendre compte de ses travaux, et le tenir au courant des diverses améliorations qui se produiront à l'étranger. Cet organe sénatorial pourrait s'appeler justement *le Monde nouveau,* parce qu'en effet le Sénat, qui était dans l'ordre ancien le principal obstacle à toute réforme et à tout progrès, deviendra le grand initiateur des idées nouvelles, et sera lui-même l'image vivante des grandes transformations sociales qui s'étendront peu à peu sur toute la surface du globe. Car c'est des flancs de l'assemblée sénatoriale, en gestation permanente, que sortiront successivement les grandes œuvres de rénovation générale concertées avec le gouvernement.

La composition du nouveau Sénat, dont les titulaires seront nommés par l'administration supérieure, variera entre un minimum de soixante-quinze membres et un maximum de cent cinquante. Cette latitude permettra d'y introduire des capacités nouvelles, à mesure qu'elles se produiront ou qu'on en fera la découverte parmi les ignorés de la science.

Dégagé, désormais, des préoccupations parlementaires de l'ancien régime et de tout esprit d'antagonisme avec un pouvoir similaire, le Sénat du régime nouveau, raffermi dans sa

haute mission et sa stabilité, sera donc, dans toute son exten-
sion, le grand laboratoire de la législation nationale et de la
rénovation administrative de la France.

Il y aura ainsi, au Sénat, des hommes d'étude qui prépare-
ront mûrement toutes les réformes nécessaires au développement de la prospérité publique et au bien-être général, et à
l'Assemblée nationale des hommes de décision et de bonne
volonté qui les compléteront ou les modifieront, quand il y
aura lieu, pour les sanctionner et les mettre à exécution. L'Assemblée et le Sénat resteront donc unis dans l'œuvre de
reconstitution générale, mais ne seront plus confondus
dans leurs attributions respectives. Et cette juste répartition
des travaux législatifs, sagement déterminée, sera le premier
travail sérieux de décentralisation administrative qui, en peu
de temps, doublera la puissance vitale du pays.

Cette nouvelle organisation des pouvoirs publics est si
simple et si rationnelle que, si la dernière Chambre des
députés avait eu le moindre sentiment de sa mission nationale
et réformatrice, elle aurait pu l'appliquer elle-même du jour
au lendemain, sans secousse et sans trouble, à la plus grande
satisfaction du pays. Elle n'aurait eu qu'à réserver l'élection
définitive du chef de l'État jusques après la réorganisation du
suffrage national, et faire sanctionner par voie plébiscitaire le
décret, forcément extraconstitutionnel, qui aurait proclamé
la nouvelle forme de gouvernement.

Mais, loin de prendre cette virile initiative, cette Chambre
de triste mémoire a préféré, par son absence de tout esprit
d'ordre et de justice, laisser ruiner la marine, affaiblir l'armée,
gaspiller les finances dans des expéditions lointaines non jus-
tifiées, et son incurie est allée jusqu'à compromettre la sécurité
du pays.

Voilà ce qu'a produit et ce que peut produire encore le
régime actuel.

On trouve toujours des millions pour faire le mal, on n'en
trouve jamais pour faire le bien. Il n'est donc pas étonnant

qu'une Chambre si indifférente aux intérêts de la patrie ait repoussé deux fois par l'ordre du jour pur et simple une pétition relative à la nouvelle organisation des pouvoirs publics : une première fois le 11 février 1882, et en deuxième édition le 11 décembre de la même année.

Cette pétition, maintenant reléguée aux archives du Palais-Bourbon comme non avenue, n'a eu d'autre résultat que celui de constater une fois de plus l'impuissance du régime parlementaire à satisfaire les vœux du pays, et celui de démontrer en même temps la nécessité impérieuse d'un appel supérieur à la nation.

*<br>* *

Sous le rapport théorique, le mécanisme politique de la nouvelle forme de gouvernement peut être comparé à un char qui en représenterait l'administration générale, dont l'essieu serait le chef de l'État, les roues ses ministres, et les chevaux les représentants du pays, c'est-à-dire la partie fixe, la partie roulante et la partie active : la première concentrant et reliant toutes les forces administratives, la deuxième aidant au mouvement, et la troisième accomplissant la traction générale.

Au point de vue de l'application la même idée peut également s'exprimer ainsi : le chef de l'État représente le limonier principal, les ministres les limoniers adjoints, et les représentants du pays l'ensemble de l'attelage.

Et, en théorie comme en pratique, le char aurait pour conducteur souverain l'intelligence et la volonté nationales, manifestées par le pays au sein du parlement.

Une telle forme de gouvernement, qui est la plus homogène, la plus stable et la plus régulière, serait à la fois la plus vénérée des monarchies et la plus féconde des républiques.

Pour apprécier dans toute sa force et toute sa justesse le mécanisme gouvernemental figuré ci-dessus, il suffit de faire cette simple réflexion : l'essieu d'un char est passif de sa nature et n'a par lui-même aucun mouvement, aucune action qui lui soit propre ; et pourtant sa fonction est capitale ; sans lui les roues ne pourraient produire aucun travail utile, toute traction serait impossible aux meilleurs des chevaux, et le plus intelligent des conducteurs serait frappé d'impuissance.

Ayant compris cela, on ajoutera : tant qu'un essieu n'est point cassé, tordu ou hors de service, autrement dit, tant qu'un chef d'État est valide, qu'il n'a point abdiqué ni exigé sa révocation, il est inutile de le changer pour en mettre un autre qui ne pourrait remplir différemment la même fonction. Ce serait perdre sans profit un temps précieux et nuire à la prospérité des intérêts publics par l'agitation inévitable qui résulterait chaque fois qu'un pareil déplacement aurait lieu.

Ces réflexions étant faites, et le char de l'État, construit et adopté selon le plan du nouvel ordre politique, étant prêt à recevoir tous ses agents de locomotion, on comprendra la nécessité de fixer l'essieu, c'est-à-dire le chef de l'État, pour centraliser et coordonner toutes les forces actives de la nation ; on comprendra également l'avantage de le fixer pour un temps aussi long que possible, c'est-à-dire de le nommer à vie, afin de ne pas troubler sans motif sérieux la marche régulière du char administratif.

Et on aura ainsi, sous le rapport de la stabilité, l'élément monarchique de la nouvelle forme de gouvernement.

Quant à l'élément républicain, il est tout entier dans la souveraineté du pays, manifestée par le suffrage national, qu'aucun pouvoir ne peut aliéner, entraver ou suspendre, même pour un jour.

C'est donc en toute vérité qu'on peut appeler ces deux éléments, réunis dans un même plan d'administration gouvernementale, une monarchie républicaine ou représentative. Toutefois, dans ce plan, comme la décoration splendide et le couronnement merveilleux d'un grandiose édifice, l'élément monarchique est plutôt dans les formes extérieures, tandis que l'élément républicain est plutôt dans les choses. Mais quand cette *Monarchie représentative,* qui est simplement la République du monde nouveau, paraîtra au sein des peuples, elle sera aux monarchies les plus florissantes et aux républiques les plus prospères des temps anciens, ce que la lumière éclatante d'un phare électrique est à la clarté pâle et indécise d'une faible lanterne.

## QUESTION SOCIALE

Dans une société bien organisée, quand il y a du pain pour tout le monde, personne ne doit être exposé à mourir de faim. Et, s'il n'y en a pas suffisamment pour tous, on doit se rationner comme un équipage à court de vivres et, en même temps, faire tous ses efforts pour se créer de nouvelles ressources par le développement de l'intelligence, du travail et de la production. Car ce n'est ni la terre ni la mer qui font défaut, mais les hommes et, surtout, la justice et l'équité dans leur organisation administrative.

Dans ces limites du strict nécessaire, la question sociale, réservant l'indépendance et la liberté de chacun, sans lier l'avenir, sera pleinement résolue par une assurance générale de protection et de secours qui, au lieu d'être circonscrite à quelques centaines ou quelques milliers d'individus, s'étendra à toute la France, indistinctement, sans une seule exception. Car, si l'on veut prévenir la décroissance de la population, il faut d'abord empêcher ceux qui existent de périr de misère et d'abandon.

Une prime obligatoire d'un centime par tête et par jour au minimum et de cinq centimes au maximum, payable par mois ou par semaine, sera plus que suffisante pour obtenir ce résultat. Elle sera d'un centime la première année de son application, de deux centimes la deuxième année, de trois centimes la troisième année, de quatre centimes la quatrième année, et restera fixée à cinq centimes la cinquième année et les années suivantes. Les sous des riches iront ainsi joindre les sous des pauvres et, directement ou indirectement, par l'instruction, le travail ou l'assistance, ces derniers recevront plus qu'ils n'auront donné.

Cette prime d'assurance sociale et personnelle sera payée par tous également, depuis la naissance de l'individu jusqu'à son décès, quels que soient son âge, son sexe ou sa condition, depuis le chef de l'État jusqu'au plus humble et au plus pauvre parmi les plus pauvres des citoyens. Elle sera ainsi la consécration du principe d'égalité entre tous les citoyens, et la source féconde de grandes richesses en développant, sur la plus vaste échelle, la production générale dans toutes ses branches.

La protection du gouvernement et des municipalités, garantissant l'existence, les droits et la liberté de tous les citoyens, réduira, sinon entièrement, au moins dans leurs plus étroites limites, le chômage, la misère et les maladies, qui sont la conséquence directe de la mauvaise organisation de l'administration publique, et la principale cause de toutes les grandes perturbations sociales.

Et cette seule question, résolue dans le sens le plus équitable, permettrait d'obtenir sans effort la stabilité générale et la sécurité individuelle, si souvent compromises dans l'ordre actuel, parce qu'elle obligerait les municipalités à s'occuper sérieusement des intérêts de leurs administrés, soit en créant des industries ou des travaux utiles dans leur propre circonscription, soit en favorisant, de concert avec l'administration supérieure, l'émigration des valides sur les points les plus négligés du territoire ou des colonies.

La création d'une armée des travaux publics, entretenue sur les fonds de l'assurance, complétera l'ensemble de ses principaux éléments d'application. Car cette armée, destinée à l'exécution des grands travaux de l'avenir, le reboisement des montagnes, l'endiguement des rivières, le desséchement des marais, les irrigations, et généralement tous les travaux utiles à la prospérité du pays, ouvrira des voies nouvelles, jusqu'à ce jour inconnues, au développement de l'agriculture, de l'industrie et de la colonisation.

Assurément, comme, avant tout, il faut vivre et être garanti dans son existence, cette réforme d'intérêt vital, entre toutes la plus immédiatement nécessaire, devrait être aussi la première à réaliser. Malheureusement, elle se trouve subordonnée à la réforme administrative des pouvoirs publics, sans laquelle aucune réforme importante ne peut s'accomplir d'une manière effective et générale ni dans l'ordre politique ni dans l'ordre social. Voilà pourquoi cette question, en réalité la plus impérieuse et la plus urgente, est mise nécessairement au second plan.

## QUESTION GÉNÉRALE ET UNIVERSELLE

Enfin, la question générale et universelle, respectant l'indépendance et l'autonomie de chaque peuple, consiste principalement à faire prévaloir l'arbitrage international dans tous les différends qui peuvent surgir entre les diverses nationalités, afin d'arriver progressivement à une entente générale pour l'application définitive des nouvelles circonscriptions territoriales et politiques du globe.

Cette entente sera facilitée par l'unité de poids, mesures et monnaies, dont l'usage se répand chaque jour davantage, par l'unité de méridien et, surtout, par l'adoption d'une langue internationale, qui permettra aux divers pays de converser dans la même langue, et de communiquer entre eux sans intermédiaire. Et de même que les poids, mesures et monnaies dus à l'initiative de la France ont déjà prévalu, de même aussi la langue française, depuis longtemps en usage dans la diplomatie européenne, ne tardera pas à être adoptée dans tous les rapports du monde civilisé.

Dès lors, l'accord général étant devenu un fait accompli et tous les pays étant solidaires de leur autonomie respective, toute agression contraire aux lois internationales deviendra impossible. Et les peuples n'ayant plus d'autres conquêtes à faire que celles de la civilisation, dont Ferdinand de Lesseps et Savorgnan de Brazza personnifient, de nos jours, les principaux conquérants, la paix et la prospérité s'étendront successivement dans toutes les parties du monde régénéré.

En réalité, le plan d'organisation du livre-précurseur, si vaste qu'il soit, n'est autre que la coordination générale des divers éléments politiques et sociaux existants, et n'a de véritablement nouveau que l'application de cette simple formule : *L'ordre mis à la place du désordre.*

*
* *

Jusqu'à ce jour on a vainement essayé d'orienter les destinées de la France perpétuellement agitée dans l'inconnu. Mais, si l'on veut comprendre ce qui précède avec bonne foi et sincérité, on n'a qu'à ouvrir les yeux pour reconnaître aussitôt dans le plan du livre-précurseur la véritable voie du salut.

Car, pour l'application immédiate de l'ordre nouveau en France, il suffit de réorganiser les pouvoirs publics et le suffrage national, selon le programme de la nouvelle forme de gouvernement, en faisant appel au pays avec le concours de tous les organes de la publicité dévoués au nouvel ordre de choses. Une fois ce point de départ établi sur des bases désormais inébranlables, les réformes administratives se compléteront ensuite d'elles-mêmes graduellement, en développant le bien-être et la prospérité sur tous les points du territoire.

Et quand on aura compris que l'état actuel, incompatible avec la stabilité générale, ne peut se prolonger longtemps encore sans compromettre gravement les intérêts du pays ; que, d'autre part, les racines du régime ancien ne sont plus assez vivaces pour être réimplantées avec succès sur le sol de la France moderne, on finira bien par comprendre aussi que la seule forme de gouvernement qui puisse assurer désormais la paix et la prospérité de la France nouvelle, est celle d'une monarchie représentative telle qu'elle résulte du plan d'organisation générale du livre-précurseur. Car cette forme, qui prévaudra un jour chez les nations civilisées, est la seule qui puisse concilier tous les intérêts dans l'ordre et la liberté, parce qu'elle est la plus régulière et la plus légitime, étant la plus haute incarnation de la volonté nationale dans le gouvernement du pays.

## PRINCIPES GÉNÉRAUX DU NOUVEL ORDRE POLITIQUE

Sous peine de désagrégation administrative et de décomposition sociale, au-dessus de tout doit régner un principe d'ordre religieux qui soit comme un trait d'union entre la vie présente et la vie future, entre le monde terrestre et les mondes supérieurs : car, dans l'ordre moral, de même que la terre dans l'ordre universel, l'humanité ne peut s'isoler de l'ensemble de la création sans annihiler ses propres destinées.

Mais en dehors de l'unité religieuse et sociale, indispensable au développement complet de l'unité administrative, pour assurer la paix générale et la liberté dans la fraternité, le nouvel ordre politique, n'ayant pas le caractère oppressif des gouvernements absolus, ni rien de commun avec les républiques de l'ordre ancien, respecte toutes les convictions sincères et tout ce qui est digne d'être respecté.

L'organisation nouvelle n'exclut donc personne de son sein, ni dans l'ordre religieux, ni dans l'ordre civil, ni dans l'ordre politique, quels que soient la croyance, le rang ou la naissance des individus. Elle n'exclut que les choses qui sont contraires à la fondation de l'ordre nouveau, celles surtout qui s'opposent avec une ténacité presque invincible à l'établissement de la justice au sein de la société, parce qu'elle est véritablement la chose publique, la chose de tous établie selon l'équité, c'est-à-dire la représentation fidèle de tous les intérêts légitimes, et que, loin d'être nuisible à la religion, à la famille et à la propriété, elle en sera, au contraire, l'épuration, la régénération et la sécurité.

Le nouvel ordre politique est fondé sur les principes chrétiens, parce que, en dehors de ces principes, il n'y a point d'autre base, morale ou scientifique, sur laquelle on puisse élever sûrement l'édifice social des temps nouveaux.

La devise de la Révolution française : *Liberté, Égalité, Fraternité,* émane elle-même d'un principe éminemment chrétien et résume à elle seule tout l'esprit de l'Évangile.

Pour la liberté, Jésus dit à ses disciples :

« Instruisez-vous dans la vérité, et la vérité vous rendra *libres.* » Ce qui implique la nécessité de s'instruire pour s'élever à l'état d'homme libre. Donc, répandre l'instruction, c'est préparer la liberté, et maintenir l'ignorance, c'est perpétuer l'esclavage.

Pour l'égalité, Jésus dit aussi :

« Le serviteur n'est pas plus que son maître, et le maître n'est pas plus que le serviteur. »

Et encore :

« Vous êtes tous enfants de Dieu, vous êtes tous *égaux* sur la terre, et vous n'avez qu'un Père, qui est dans le ciel. »

Et pour la fraternité, qu'y a-t-il de plus beau et de plus divin que ces simples paroles :

« *Aimez-vous les uns les autres?* »

En résumé, le Christianisme est la théorie, et l'Ordre nouveau est la mise en pratique. L'Évangile a posé les principes, et la Révolution française en a commencé l'application.

Ainsi, tout ce qui est élevé, tout ce qui est bon, tout ce qui est juste dans les aspirations de la démocratie, qu'on l'appelle socialisme, foi civile ou libre pensée, trouve sa source naturelle dans l'Évangile, et tous les vrais réformateurs, quels qu'ils soient, ne peuvent rien fonder de grand et d'humanitaire sans s'appuyer, volontairement ou à leur insu, sur les principes chrétiens. Car les vérités fondamentales qui forment la base du christianisme, étant l'essence même de la vie morale, sont de tous les temps et ne vieillissent point, parce qu'elles sont éternelles.

Ce qui est vrai encore, c'est que le Fondateur des principes chrétiens a fait pour le peuple et les déshérités du monde plus que ne fera jamais aucun réformateur, et que, de plus, il a réalisé lui-même la plus grande des révolutions morales qui ait jamais été accomplie sur la terre, celle de l'émancipation universelle des âmes. Et avoir affirmé dans l'esprit humain cette vérité, que le dernier des parias est l'égal du premier des potentats, n'est-ce pas le triomphe de la véritable libre pensée de l'homme dans l'humanité, d'où sortira un jour l'affranchissement intégral de toute la race humaine ?

Ceux qui affectent de mépriser la sanctification du vendredi saint, le jour anniversaire de la passion et de la mort de Celui qui est allé jusqu'au sacrifice de la croix pour tirer l'humanité de l'oppression et de la servitude, sont donc bien mal inspirés, s'ils veulent réellement préparer l'indépendance morale des populations et travailler sérieusement à l'amélioration sociale du peuple. Car, sans les principes rénovateurs que le Christ a enseignés aux générations, la Révolution française elle-même n'existerait point, parce qu'elle n'aurait trouvé, pour s'affermir, aucun point d'appui solide et constant, ni dans les esprits, ni dans les cœurs, ni dans les âmes.

Mais ces fervents novateurs, qui prétendent relever le peuple et le moraliser en le détournant de sa vénération religieuse pour le Rédempteur des nations, que diraient-ils eux-mêmes si, le jour anniversaire de la mort de l'un de ceux dont, à juste titre, ils honorent le plus hautement la mémoire, leurs adversaires affectaient, ce jour-là, de se réjouir et de ridiculiser ceux qui en célèbrent pieusement le souvenir ? Ils crieraient

au scandale, au mépris de tout ce qu'il y a de plus sacré dans l'humanité, et ils auraient raison. Pourquoi donc font-ils envers le divin Réformateur ce qu'ils ne voudraient pas qu'on fît à l'égard des hommes de leur prédilection ?

Insulter à la mémoire du Christ, parce que ceux qui l'honorent sont répréhensibles en d'autres cas, c'est rejeter un trésor précieux à cause de l'impureté de son enveloppe. N'est-il pas plus sage, en pareille circonstance, de changer l'enveloppe et de conserver le trésor ?

C'est bien le cas d'appliquer à ces novateurs inconscients les paroles que Jésus a prononcées lui-même, au jour de ses douleurs les plus amères, à l'égard de ceux qui le frappaient et lui crachaient au visage : « Pardonnez-leur, mon Père, car ils ne savent ce qu'ils font » ?

Ceux qui veulent exclure l'idée de Dieu du sein du peuple ne sont pas mieux inspirés que ceux qui cherchent à faire oublier Celui qui en a été la plus haute incarnation sur la terre. L'athéisme n'est pas une base sur laquelle on puisse fonder quoi que ce soit. On ne peut rien fonder sur le néant. Dans tous les cas, cette doctrine, qui donne la prédominance de la matière sur l'esprit, ne peut avoir d'autre base que cette maxime pleine d'orgueil et de mépris du genre humain : « La force prime le droit. »

L'athéisme ne peut donc qu'éterniser la tyrannie, en ôtant tout appui moral aux faibles, en éteignant toute lumière dans les intelligences, et en abaissant l'homme au niveau de la brute, c'est-à-dire limité à la satisfaction des instincts matériels de son existence.

Dans cet état, la civilisation, comme un navire sans boussole, est sans essor ou marche dans l'inconnu, et plus rien de grand ne peut se manifester dans l'humanité, ni dans les choses de l'esprit ni dans les choses du cœur. Dès lors, plus de poésie, plus d'élévation, plus de dévouement soutenu, plus d'élan généreux, plus d'enthousiasme. Ce n'était pas la peine, vraiment, de se tant creuser la tête pour aboutir à faire le vide dans son esprit et à ne plus trouver devant soi que le néant, lorsque, pour être assuré du contraire, il suffit de faire cette simple réflexion, disant :

De même que le fils est l'affirmation du père, sans lequel il n'existerait point, de même aussi tout ce qui existe, tous les êtres qui naissent, croissent, meurent et se reproduisent indéfiniment, sont l'affirmation d'un principe supérieur, moteur immuable et éternel de la vie universelle, sans lequel tout ce qui est ne serait pas.

Mais, en réalité, ceux qui professent l'athéisme par esprit d'indépendance sont moins athées que la plupart de ceux qui sont investis de la mission spéciale d'évangéliser les hommes : car les premiers veulent au moins l'application des principes chrétiens, tandis que les autres, tout en ayant l'air de vouloir les réaliser individuellement pour les choses du ciel, s'y opposent en réalité de toutes leurs forces, et font cause commune avec tous les despotes de la terre.

Quand Jésus dit, dans la courte prière qu'il a enseignée à ses disciples : « Notre Père qui êtes aux cieux, que votre nom soit sanctifié, que votre règne arrive, et que votre volonté soit faite *sur la terre comme au ciel* », assurément il n'a pas entendu priver l'homme ici-bas des bienfaits de sa doctrine, car alors il n'aurait pas dit : « sur la terre comme au ciel ».

Et quand il enseigne aussi de dire à Dieu, dans cette même prière : « Pardonnez-nous nos offenses comme nous pardonnons à ceux qui nous ont offensés », il a fait entendre suffisamment que ceux qui refusent avec obstination d'accorder tout pardon et toute miséricorde à leurs semblables ne doivent espérer pour eux-mêmes ni pardon ni miséricorde, parce que, à l'heure de la justice, ils ne pourront invoquer aucun droit pour réclamer l'*amnistie* de leurs propres fautes, de leur dureté ou de leurs crimes.

Lorsque Jésus dit encore : « Je ne suis pas venu apporter la paix, mais la guerre », il a fait comprendre également qu'il faudrait lutter contre la tyrannie pour conquérir la liberté et obtenir la paix promise, dans son Évangile, à tous les hommes de bonne volonté.

Et, en effet, aux persécutions sanglantes qui ont sévi avec tant de fureur contre l'esprit démocratique de l'Évangile, dès le début du christianisme, ont succédé les persécutions non moins sanglantes et non moins barbares contre l'esprit de justice et de liberté, qui veut l'application de ces mêmes principes chrétiens, dont la simple affirmation, sous des formes diverses, a fait, depuis tant de siècles, tant de martyrs et tant de victimes. Il ne faut donc pas s'étonner si, de temps à autre, d'héroïques revendications amènent encore aujourd'hui de grands soulèvements populaires en faveur de la justice et de la liberté, l'une toujours méconnue et l'autre toujours comprimée. Car il en sera ainsi jusqu'à ce que l'œuvre de la rédemption sociale soit accomplie pour tous les peuples de la terre.

Il est vrai qu'on peut tirer tout ce qu'on veut des Écritures, suivant l'esprit, bon ou mauvais, de celui qui s'en fait l'interprète, parce qu'elles reflètent toutes les passions humaines en même temps qu'elles éclairent le monde. C'est ainsi que l'Évangile, entre les mains des pharisiens du christianisme, peut se comparer parfaitement aux principes de la Révolution française, entre les mains de ceux qui les évoquent et les travestissent pour opprimer les populations.

Voilà pourquoi les planteurs américains, soutenus par leurs pasteurs évangéliques, ont pu s'appuyer sur les textes mêmes de la Bible pour imposer l'esclavage à des êtres que Jésus a proclamés leurs égaux et dont il est venu briser les fers. Tous les potentats, tous les grands du monde, toutes les sectes religieuses, puisent dans la Bible, à la faveur de l'obscurité des intelligences, leurs plus puissants moyens de persécution et de tyrannie. Et c'est justement ce qui a donné naissance à l'athéisme, car ce que les athées répudient surtout, c'est le Dieu qu'on a fait à l'image des hommes, un Dieu plein de passion, de colère et de vengeance, comme les dominateurs des peuples et les tyrans de la terre. En cela ils ont raison, mais ils n'ont raison que là où les autres ont tort.

Cependant, afin qu'on ne puisse pas se méprendre sur le sens des paroles de son Évangile, Jésus-Christ a résumé lui-même sa doctrine dans ce seul commandement qu'il a fait à ses disciples :

« Vous aimerez Dieu par-dessus toutes choses, et votre prochain comme vous-mêmes. »

Puis il ajoute :

« Ce précepte est plus grand que tous les sacrifices et que tous les holocaustes ; il domine toutes les lois, tous les prophètes », et, par conséquent, toutes les religions, toutes les philosophies, toutes les sciences.

Or, selon les paroles mêmes de Jésus-Christ, confirmées par le sacrifice accompli sur le Calvaire, aimer Dieu par-dessus toutes choses, c'est préférer le bonheur de tous au bonheur de quelques-uns, c'est placer les intérêts de l'humanité au-dessus des intérêts de sa propre famille, et être toujours prêt à sacrifier son bien-être, sa personne et même sa vie pour la cause de la justice ; et aimer son prochain comme soi-même, c'est lui faire tout le bien que vous voudriez qu'il vous fît, s'il était à votre place et vous à la sienne, et en ne lui faisant jamais ce que vous ne voudriez pas qu'il vous fît.

Ainsi, selon ce précepte éminemment évangélique, pour aimer véritablement et accomplir la loi universelle de l'amour, il faut s'unir à Dieu et à son prochain dans toutes les œuvres de la création.

Pour le culte, Jésus, parlant à la Samaritaine au puits de Jacob, lui dit :

« Femme, croyez-moi, le temps va venir où ce ne sera plus sur cette montagne ni dans Jérusalem que vous adorerez le Père. Dieu est esprit, et il faut que ceux qui l'adorent, l'adorent EN ESPRIT ET EN VÉRITÉ : car ce sont les vrais adorateurs que le Père cherche. »

Donc, tout ce qui est contraire à cette base fondamentale de la doctrine évangélique doit être considéré comme approprié aux temps, aux mœurs, aux circonstances au milieu desquelles Jésus a parlé, ou faussement interprété.

Jésus n'a posé aucune limite au développement naturel de l'intelligence, ni dans les choses du ciel ni dans les choses de la terre. La seule recommandation particulière qu'il ait faite à ses disciples est celle-ci :

« Si vous observez les choses que je vous enseigne, vous serez heureux, *pourvu que vous les pratiquiez,* NON SELON LA LETTRE QUI TUE, MAIS SELON L'ESPRIT QUI VIVIFIE », c'est-à-dire, sans s'écarter jamais du commandement qu'il leur a fait, qui est la loi des lois, d'aimer Dieu par-dessus tout et son prochain comme soi-même.

Ah ! si ceux qui acceptent la mission d'enseigner les paroles de l'Évangile étaient réellement pénétrés de l'œuvre libératrice qu'ils doivent accomplir, ils seraient les premiers à se joindre aux justes revendications des opprimés, et ils deviendraient eux-mêmes les plus zélés propagateurs de la rédemption universelle.

Et, ainsi qu'il est dit dans un livre écrit selon la justice :

« Ils ne laisseraient point dans l'abandon tous ces déshérités de la terre, que le Christ avait confiés à la sollicitude et à la vigilance de ses disciples ; ils ne laisseraient point outrager sous leurs yeux ceux qui se lèvent pour combattre l'oppression et qui vont jusqu'à sacrifier leur vie et le repos de leurs familles pour la cause du peuple et de la justice ; ils crieraient au milieu des nations jusqu'à ce que leur voix fût entendue, et ils n'auraient point de repos qu'ils n'eussent opéré le salut de tous ceux qui souffrent dans les ténèbres du monde, et qui vivent plongés dans la damnation des siècles.

« Mais, hélas ! il n'en est pas ainsi. Les paroles vivifiantes du Christ s'altèrent et se corrompent en passant par leur bouche hypocrite, et elles sont frappées de stérilité. C'est pour cela que l'iniquité règne encore en maîtresse dans le monde, et que le sang de Jésus, qui coule dans les veines de tous les martyrs de l'humanité, tombe en vain depuis dix-neuf cents ans, goutte à goutte, dans l'ombre de l'ignorance dont ils ont aveuglé la terre et obscurci les cieux. »

Et puisque la parole évangélique, altérée par les propagateurs autorisés du christianisme, ne porte plus de fruit, c'est aux hommes nouveaux à les remplacer dans la mission qu'ils n'ont pas su et ne peuvent plus remplir ; et les fruits que ces derniers en récolteront seront d'autant plus sains et plus fortifiants, qu'ils puiseront davantage aux sources vives et fécondes de l'Esprit libérateur.

« Si les puissances du monde, dit encore le même livre, continuent à méconnaître les manifestations de l'esprit nouveau ; si les ministres du Christ continuent à travestir les vérités qu'il a enseignées dans son Évangile pour détruire la tyrannie et rendre tous les peuples libres ; si les grands de la terre continuent à s'appuyer sur la force des armes pour maintenir le règne de l'oppression et de l'iniquité, la force se tournera contre eux, et un ébranlement épouvantable se produira parmi les nations.

« Toute religion s'effacera dans le cœur des hommes, les temples de la prière deviendront déserts, et le successeur des apôtres emportera dans sa tombe les dernières espérances du monde chrétien. Et le flot de l'ignorance, s'élevant avec impétuosité du fond des abîmes, ne sachant à qui s'en prendre des maux qui l'accablent, confondra dans une commune réprobation le juste et l'injuste, le bien et le mal, le vrai et le faux, et, dans un foudroyant accès de colère, ne fera de tout qu'un monceau de ruines. »

# DEVISE FONDAMENTALE DE L'ORDRE NOUVEAU

## UNITÉ, LIBERTÉ, FRATERNITÉ

Afin que l'Humanité puisse se constituer collectivement en corps actif et harmonieux, et vivre de la plénitude de sa vie d'expansion et de progrès, trois conditions principales lui sont nécessaires : l'Unité, la Liberté, la Fraternité.

Cette formule est le symbole trinitaire de la création : le *Centre,* le *Rayon,* la *Circonférence.* Elle sera aussi le symbole trinitaire de l'Ordre nouveau.

L'Unité, principe fondamental de toutes choses, est le point central où tout converge, et qui résume toutes les intelligences dans une communauté d'idées et de sentiments en rapport avec les besoins moraux et physiques de l'Humanité; c'est l'alliance intime des hommes et des peuples; c'est le ralliement intégral et providentiel de l'homme et de sa destinée avec la Nature et avec Dieu, centre primordial des harmonies sociales; c'est le symbole des aspirations religieuses les plus élevées; c'est, en un mot, le pivot de l'ordre et du mouvement universels.

L'Unité est donc le premier élément du bonheur collectif.

La Liberté, rayon scintillant de la vie universelle, est l'expansion la plus grande et la plus complète de toutes les vocations, de toutes les intelligences, de tous les essors de l'esprit humain, se développant dans l'unité par l'unité, selon ce précepte divin des Écritures : « Ne faites jamais à autrui ce que vous ne voudriez pas que l'on vous fît. »

La Liberté est donc le premier élément du bonheur individuel.

La Fraternité est la grande ligne qui réunit entre eux les rayons du foyer central, pour en répartir la distribution d'une manière égale pour tous, et les maintenir solidairement vers leur centre commun dans un embrassement général et universel. Elle est donc l'appui mutuel que se doivent tous les membres d'une même famille, tous les membres d'une même profession et toutes les professions entre elles, et enfin tous les peuples de la terre les uns aux autres, afin que l'Humanité tout entière soit comme une seule et même famille, sans exclusion d'aucun de ses membres, selon cet autre précepte des Écritures : « Aimez votre prochain comme vous-même, et faites-lui tout le bien que vous voudriez qu'il vous fît, s'il était à votre place et vous à la sienne. »

La Fraternité est donc l'élément nécessaire des rapports qui doivent lier la Liberté à l'Unité, la partie au tout, le bonheur individuel au bonheur collectif.

Et la devise : Unité, Liberté, Fraternité, correspond aux trois vertus évangéliques : la *Foi*, l'*Espérance*, la *Charité*, et aux trois principaux éléments de l'activité humaine : la *Science*, l'*Art*, l'*Industrie*.

La *Foi* éclaire la *Science*, symbole de l'*Unité*;

L'*Espérance* enfante les merveilles de l'*Art*, symbole de la *Liberté*;

La *Charité* féconde l'*Industrie* et cimente l'union des hommes par la pratique de la *Fraternité*.

Cette devise trinitaire : Unité, Liberté, Fraternité, est donc la pierre fondamentale de l'édifice des temps nouveaux, et quiconque ne bâtira point sur cette pierre bâtira sur le vide.

# NOUVELLE ORGANISATION POLITIQUE ET ADMINISTRATIVE

## DU TERRITOIRE FRANÇAIS

La nouvelle organisation politique et territoriale de la France sera l'inverse, à peu près, de ce qui a été fait en 1790, lorsqu'on a désagrégé les anciennes provinces pour en faire des départements. Car cette désagrégation, qui était nécessaire au début pour unifier le territoire, est devenue aujourd'hui une véritable cause de faiblesse nationale, en centralisant à l'excès dans la capitale toutes les forces dirigeantes de la nation. En sorte que, si Paris venait à disparaître, on ne saurait plus où retrouver la France. Ce qui, d'ailleurs, s'est presque réalisé à la dernière guerre, alors que la ville était à peine cernée par l'ennemi.

Pour établir un juste équilibre entre les divers éléments qui constituent la puissance et la richesse du pays, il faut donc faire maintenant le contraire de ce qui a été fait à la première révolution, c'est-à-dire agréger les départements en grandes circonscriptions régionales, et fortifier l'unité politique en simplifiant les rouages du gouvernement.

Avec les modifications nécessaires à l'application régulière du nouveau tracé territorial, l'organisation de la France nouvelle sera, pour ainsi dire, le rétablissement perfectionné des anciennes provinces, dont les divisions et subdivisions politiques seront désignées par dénominations historiques ou par dénominations modernes, suivant la gradation hiérarchique indiquée ci-après :

<table>
<tr><td> DÉNOMINATIONS HISTORIQUES </td><td> DÉNOMINATIONS MODERNES </td></tr>
<tr><td> Principautés, </td><td> Provinces, </td></tr>
<tr><td> Duchés, </td><td> Départements, </td></tr>
<tr><td> Comtés, </td><td> Arrondissements, </td></tr>
<tr><td> Baronnies, </td><td> Cantons, </td></tr>
<tr><td> Noméries, </td><td> Districts, </td></tr>
<tr><td> Communes. </td><td> Communes. </td></tr>
</table>

Ces différentes circonscriptions s'administreront elles-mêmes chacune dans les limites de son territoire respectif, et ne seront soumises, pour garantir leur propre indépendance, qu'aux lois supérieures d'intérêt général et national communes à tout le territoire français.

Selon ces principes, en adoptant les dénominations historiques, comme plus simples et plus expressives, surtout au point de vue des arts décoratifs, les intérêts exclusivement communaux, nomériens, baroniaux, comtaux, ducaux et princiaux, seront administrés par la commune, la nomérie, la baronnie, le comté, le duché et la principauté; de même que les intérêts nationaux seront administrés par la nation, c'est-à-dire l'ensemble de toutes les circonscriptions politiques et administratives du territoire, représentés par le gouvernement central.

Dans la nouvelle organisation politique le territoire de la France sera donc divisé en douze principautés, provinces ou grandes circonscriptions régionales. La principauté sera subdivisée en quatre duchés ou départements, le duché en quatre comtés ou arrondissements, le comté en quatre baronnies ou cantons, la baronnie en quatre noméries ou districts, et la nomérie en nombre variable et indéterminé de simples communes, dernier terme des subdivisions administratives du territoire.

## COMMUNES

A la seule condition de se conformer aux lois nationales et de n'avoir rien de contraire aux intérêts généraux du pays, les communes s'administreront elles-mêmes au mieux de leurs intérêts particuliers, en conservant leur indépendance réciproque et leur propre autonomie. Celles qui ne sauraient s'administrer sous cette condition seront mises en tutelle et dirigées temporairement par l'administration immédiatement supérieure de leur circonscription, sous le contrôle de l'administration centrale.

## NOMÉRIES

La Nomérie, centre primaire de l'union fédérative des communes et premier degré de l'unité nationale collective, résumera dans son organisation tous les éléments constitutifs du gouvernement central.

Les intérêts publics seront représentés, au chef-lieu de la circonscription nomérienne, par un Majormaire et un conseil général composé uniformément de vingt-quatre membres, quels que soient l'importance du chef-lieu de la Nomérie, le nombre de ses communes et de leurs habitants, et l'étendue de son territoire.

Car, les intérêts publics étant les mêmes pour tous, un même délégué peut représenter aussi bien les intérêts de mille citoyens que de cent ou de cinquante, de même qu'un chef d'État peut représenter les intérêts d'une nation tout entière. C'est donc plutôt la composition du conseil en lui-même qu'il faut considérer, que le rapport du nombre de ses membres avec celui des habitants de sa circonscription administrative.

D'autre part, si les conseils supérieurs ont une sphère

d'action générale plus étendue, les conseils secondaires ont plus d'intérêts particuliers à apprécier dans le cercle réduit de leur circonscription urbaine ou territoriale, et, relativement, l'importance est la même pour chacun d'eux. D'ailleurs les divers conseils représentatifs pourront s'adjoindre à titre d'auxiliaire, sous leur propre responsabilité, tout le personnel qui leur sera nécessaire et dont la compétence sera jugée suffisante pour assurer en tout temps le fonctionnement complet de leurs attributions.

Le Majormaire de la Nomérie sera élu à vie par le suffrage universel des communes et du chef-lieu de sa juridiction, formant ensemble un seul collège électoral. Le conseil, élu par le même suffrage, sera permanent, mais il sera renouvelé par moitié annuellement, à une époque régulière et déterminée, et les membres sortants, tirés au sort la première année, pourront toujours être réélus.

Dans l'organisation générale du conseil nomérien le Majormaire, président de droit, sera assisté de deux adjoints ou vice-présidents et deux secrétaires nommés par le conseil. Et ces quatre conseillers amovibles, présidés par le Majormaire inamovible, formeront ensemble le comité exécutif, qui sera en même temps le bureau parlementaire du conseil. La représentation nomérienne, ainsi organisée dans ses principaux éléments, n'aura plus à s'occuper que des intérêts sociaux et communaux de sa circonscription territoriale.

Les chefs-lieux, petits ou grands, seront partagés en deux parties urbaines, séparées entre elles par une voie principale, qui sera l'artère centrale du chef-lieu. C'est vers le centre de cette voie que sera établi le siège du conseil général, avec toutes ses dépendances administratives.

Chacune des deux parties urbaines du chef-lieu sera administrée par un conseil municipal de vingt-cinq membres, élus par les électeurs de leur circonscription administrative.

Les conseils municipaux n'auront pas de président à vie, mais ils seront permanents et renouvelés par moitié annuellcment, comme les conseils généraux. Ils auront également leur autonomie locale pour les intérêts particuliers de leur circonscription, et, pour les intérêts supérieurs, ils relèveront directement de leur conseil général.

Les grandes villes non chefs-lieux seront divisées en quartiers urbains, dont le nombre variera suivant leur importance. Et chacun de ces quartiers sera administré distinctement comme une simple commune. Les intérêts communs de ces différentes circonscriptions urbaines seront gérés par l'ensemble de leurs conseils administrateurs, réunis en assemblée générale à l'hôtel de ville, où résidera en permanence une commission exécutive déléguée par cette assemblée.

### BARONNIES

Dans la Baronnie les intérêts publics seront représentés au chef-lieu baronnial de la même manière que dans la nomérie, c'est-à-dire par un président élu à vie, et un conseil permanent de vingt-quatre membres renouvelés par moitié annuellement.

Le conseil général de la Baronnie sera élu par les conseils généraux de ses noméries à raison de cinq conseillers chacun, et les deux conseils municipaux du chef-lieu baronnial en nommeront chacun deux pour compléter les vingt-quatre.

Le président ou Baron, chef de la baronnie, sera élu par les conseils généraux de ses noméries et le conseil général du chef-lieu réunis en congrès électoral. Et ce jour-là sera un jour de fête et de solennité, non seulement au chef-lieu, mais aussi dans toute la baronnie.

### COMTÉS, DUCHÉS ET PRINCIPAUTÉS

La représentation des intérêts publics des Comtés, des Duchés et des Principautés sera identique à celle des baronnies, en suivant la hiérarchie ascendante de l'organisation générale. Leurs conseils dirigeants seront uniformément composés d'un président élu à vie et de vingt-quatre membres renouvelés par moitié annuellement.

Le conseil général du Comté sera élu par les conseils généraux de ses baronnies et les conseils municipaux de son chef-lieu. Le conseil ducal sera élu de même par les conseils généraux des comtés de sa juridiction, et les conseils municipaux de la ville ducale. Enfin le conseil général de la Principauté sera élu également par les conseils généraux de ses duchés et les conseils municipaux du chef-lieu princial. ,

GOUVERNEMENT CENTRAL

Le gouvernement central sera représenté à la capitale par un chef d'État élu à vie, et une assemblée permanente de cent cinquante membres, renouvelée par moitié annuellement, comme les conseils généraux et les conseils municipaux.

La capitale sera aussi partagée en deux grandes parties urbaines, et chacune de ces deux parties sera subdivisée en sept circonscriptions générales; six seront placées dans le sens du rayonnement, et la septième sera vers le centre, en avant des précédentes. L'ensemble de la ville aura ainsi douze circonscriptions rayonnantes et deux circonscriptions centrales. Chacune des deux parties urbaines sera administrée par un conseil général, et chacune des douze circonscriptions rayonnantes par un conseil municipal. Dans sa nouvelle organisation urbaine, la capitale aura donc deux hôtels de ville et douze mairies principales, sans compter les administrations locales de ses différents quartiers.

Les douze circonscriptions rayonnantes représenteront les douze principautés du territoire et auront les mêmes dénominations. Les deux circonscriptions centrales, principalement fréquentées par la population flottante et cosmopolite, représenteront plus particulièrement les éléments divers du commerce et de l'activité générale. C'est vers le milieu de ces deux circonscriptions que s'élèvera le quartier général de la Représentation nationale, et que seront réunies toutes les dépendances administratives du gouvernement sous le nom générique d'Acropole-Centrale.

L'Assemblée nationale sera élue par les douze principautés du territoire à raison de dix représentants chacune. Deux seront élus par le conseil général de la principauté elle-même; et deux par chacun des conseils généraux de ses quatre duchés. La capitale en élira trente. Deux seront élus par chacun des douze conseils municipaux des principautés urbaines, et chacun des deux conseils généraux de la ville en élira trois. Ainsi seront complétés de la manière la plus simple, la plus rationnelle et la plus conforme aux intérêts supérieurs de la nation, les cent cinquante membres de l'Assemblée nationale du nouvel ordre politique.

Enfin le chef de l'État sera élu par les présidents des conseils généraux de la capitale et du territoire réunis en congrès à l'Assemblée nationale, au siège du gouvernement.

Les différents ministères étant désormais indépendants du parlement, la Représentation nationale, organisée tout entière dans ses fondements les plus essentiels, sera dès lors, sans intermittence, l'expression libre et régulière de la volonté du pays.

C'est ainsi que la nouvelle organisation politique de la France, accordant aux différentes circonscriptions provinciales leur propre autonomie, permettra d'obtenir effectivement la décentralisation la plus complète en même temps que la plus parfaite unité nationale, autrement dit, le développement régulier, normal et intégral de toutes les forces vives du pays. Car c'est dans l'union collective et non dans l'agglomération des intérêts généraux qu'est la véritable puissance d'une nation, parce que, dans le premier cas, les aptitudes individuelles se développent librement et que, dans le second, elles s'entravent et s'annihilent réciproquement.

Et chacune des principales circonscriptions du territoire, de la nomérie à la capitale, sera comme un résumé de la nation tout entière, ayant exactement la même organisation représentative dans la hiérarchie de sa circonscription politique. Ainsi, le premier représentant d'une principauté, d'un duché, d'un comté, d'une baronnie ou d'une simple nomérie, sera élu à vie comme le premier représentant de la nation. Et chacun de ces représentants supérieurs, placé au centre et au sommet de sa juridiction particulière, résumera l'unité nationale dans l'autonomie même de son propre territoire.

Quand le pays sera suffisamment éclairé et organisé pour admettre les femmes dans la représentation de ses intérêts, il n'y aura qu'à doubler la représentation nationale, et faire exactement pour les représentantes ce qui aura été fait pour les représentants. La seule différence, c'est qu'elles n'auront pas de présidente élue à vie, leur action représentative étant plutôt morale et complémentaire de l'unité nationale.

Dans cette éventualité, le siège des délibérations parlementaires, complètement modifié, devra contenir, sur un même plan, trois salles distinctes. La principale sera destinée aux séances publiques, et les deux autres aux séances particulières des représentants et des représentantes séparément.

L'admission des femmes dans la représentation des intérêts publics sera célébrée par une fête nationale, qui sera le *vrai centenaire de la manifestation rénovatrice de* 89, parce qu'elle effacera la mémoire des horreurs sanglantes qui ont troublé, à son aurore, cette grande manifestation de l'esprit nouveau.

Alors, la Représentation du pays sera véritablement l'image vivante et active de la grande famille nationale, organisée dans la force et la puissance des plus viriles manifestations.

*
* *

Au point de vue de la défense nationale et de la stratégie

3

militaire, l'organisation nouvelle, beaucoup plus facile à appliquer que n'a été en 1790 celle des départements, rendrait l'envahissement du territoire d'une difficulté presque insurmontable, sinon impossible. Car, indépendamment de l'armée nationale, qui serait libre de se mouvoir en tout sens et de se porter en masse sur les points les plus menacés, chaque province aurait son armée particulière pour défendre son propre territoire.

Les armées provinciales, d'une organisation identique et dont l'ensemble constituera la véritable armée territoriale, seront comme autant de pépinières militaires pour ravitailler la grande armée nationale en hommes tout exercés et prêts à marcher, ainsi qu'en munitions, vivres et matériel, qu'elles tiendront toujours en réserve pour être expédiés sans délai sur tous les points nécessaires. Et, de plus, permettant de développer ou de restreindre avec la plus grande facilité toutes les forces défensives de la nation, suivant les besoins et les circonstances, cette organisation, moins onéreuse pour le pays, doublera la puissance militaire de la France.

Comme organisation générale, le territoire étant partagé en six régions dans le sens du rayonnement, allant directement de la capitale aux frontières, l'armée nationale aura six grandes divisions correspondantes, dont les armées provinciales formeront les subdivisions. Car, dans l'ordre militaire comme dans l'ordre politique, il y aura tout à la fois décentralisation et unité.

Ainsi, sans sortir de son cabinet de travail, le commandant en chef, ayant sous les yeux la topographie exacte des diverses localités à parcourir, pourrait diriger l'ensemble de tous les mouvements de l'armée avec plus de facilité que s'il était lui-même sur le champ de bataille, où la poursuite isolée d'un succès partiel compromet quelquefois le succès général.

Et cette organisation, si éminemment avantageuse pour repousser victorieusement toute tentative d'invasion étrangère, serait aussi bien plus favorable au maintien de l'ordre général que l'incohérence de l'organisation actuelle, où souvent l'armée se trouve entravée dans son action, non seulement par des ordres contradictoires, mais aussi par l'enchevêtrement arbitraire de ses diverses subdivisions territoriales.

Enfin, pour terminer, voici les conseils patriotiques d'un prophète des temps nouveaux :

« Ne prenez point l'offensive envers vos ennemis. Mais, s'ils trament des complots contre vous pour vous dominer et vous asservir, s'ils viennent vous attaquer dans vos foyers, porter la ruine et la désolation au sein de vos familles, alors vendez votre blouse et achetez une épée; préparez vos armes les plus meurtrières, forgez-en de nouvelles. Les plus terribles seront les meilleures : car eux-mêmes seront venus chercher le juste châtiment que votre main vengeresse leur infligera. »

Donc, si cela était nécessaire, la défense nationale pourrait être complétée par la création de bataillons foudroyants, qui seraient aux colosses du continent ce que les torpilleurs sont aux grands cuirassés de la mer.

D'ailleurs, de l'excès du mal naîtra le remède, et la force destructive des engins de guerre fera plus pour la paix du monde que tous les conseils de la sagesse.

Les seules conquêtes véritablement légitimes et méritoires sont celles qu'on obtient par l'esprit de justice, de progrès et de fraternité, à l'exclusion de celles que donne uniquement la force des armes en violant le droit des populations.

*La force ne prime pas le droit.*

On le verra bien par la libération de l'Alsace et de la Lorraine, quand la population tout entière tressaillira d'allégresse en reprenant possession d'elle-même ; et quand l'image historique de ces deux provinces, majestueusement élevée sur le char national, place de la Bastille, passera sur les boulevards et les Champs-Élysées pour aller recevoir triomphalement, sous le grand arc de l'Étoile, la consécration nouvelle et définitive de leur retour au sein de la mère-patrie!

# LES DEUX ÉTENDARDS DE LA FRANCE NOUVELLE

### [L'HYMNE DE LA GUERRE ET L'HYMNE DE LA PAIX]

Les emblèmes qui personnifient la nationalité d'un peuple doivent exprimer l'idée qui a présidé à l'organisation politique et sociale de ce peuple, et être le signe visible de ses institutions.

C'est ainsi que le drapeau tricolore, adopté par la Révolution française, exprime encore actuellement l'union des trois partis qui divisaient la France en 1789, la royauté, la bourgeoisie et le peuple, la noblesse et le clergé ne faisant qu'un avec la royauté. Toutefois, le peuple qui, avant cette époque, n'était qu'une chose et ne comptait pas, n'a été dans cette grande lutte, d'où est sortie la Déclaration des droits de l'homme, que l'instrument et le marchepied de la bourgeoisie: car elle seule a réellement profité des bienfaits de la Révolution, et la chute définitive de l'ancien régime, en 1830, n'a fait que compléter son triomphe. Tandis que le peuple, malgré sa conquête plus récente du suffrage universel, est resté assujetti aux classes gouvernantes possédant seules, jusqu'à ce jour, l'administration supérieure du pays en toute souveraineté. Ce n'est plus une royauté de personne, il est vrai, mais c'est encore une royauté de classe, ce qui est pire. Cependant le peuple, éclairé par l'expérience et confiant dans la justice de sa cause, ne tardera pas à s'affranchir de cette dernière forme de l'esclavage, pour compléter son indépendance et assurer sa propre liberté.

Dans la revendication de ses droits, le peuple, plus juste et plus généreux que la bourgeoisie, n'agit pas au nom d'une classe ou d'une partie de la Société, mais au nom du pays, de la nation et de l'humanité tout entière. Les insignes de son triomphe doivent donc exprimer l'unité de ses aspirations, dans la guerre comme dans la paix, et être le symbole de sa mission universelle.

Selon ces principes, la France nouvelle aura deux drapeaux: le drapeau rouge et le drapeau bleu, l'étendard de la guerre et l'étendard de la paix. Le drapeau rouge ne sera arboré qu'en temps de guerre et de lutte armée. Sa hampe aura la forme d'une lance et sera surmontée d'une banderole bleue pour indiquer que la guerre, entreprise par une douloureuse nécessité, n'a d'autre but que le maintien ou le rétablissement de la paix. Ce drapeau n'étant déployé qu'en temps de guerre, sa vue imprimera dans l'esprit des populations un grand caractère d'énergie et d'unité, qui doublera les forces morales de la lutte et de la défense.

Le drapeau bleu, emblème du travail et de la paix, rappelant tout à la fois la blouse du travailleur et la sérénité du firmament, sera seul arboré, d'une manière permanente, en temps de paix. Il ne sera retiré qu'en temps de guerre nationale. Sa hampe aura la forme d'un flambeau et sera surmontée d'une banderole rouge, pour indiquer que la Nation, loin de se résigner à une fausse paix, par amour du repos, est toujours prête à verser son sang pour la cause de la justice et de l'humanité.

L'étendard de la paix aura pour emblème un soleil entouré de six étoiles principales, reliées entre elles par un cercle de vingt-quatre étoiles moins grandes, et entre lesquelles les premières seront placées en relief comme les larges dentelures d'une roue d'engrenage. Immédiatement au-dessus de cet emblème, il y aura une croix avec rayons, un peu plus grande que l'une des six principales étoiles, et le tout se détachera en blanc, d'une manière uniforme, sur le fond azuré de l'étoffe, au milieu de l'étendard.

Cet emblème est le symbole de l'ordre nouveau qui régnera un jour sur tous les peuples de la terre : le soleil figure le centre du monde, la lumière de l'univers et le foyer rayonnant de l'esprit humain ; les six grandes étoiles représentent les six principales parties du monde, suivant la nouvelle division géographique du globe, et les vingt-quatre étoiles moins grandes, groupées en cercle autour du soleil, désignent les vingt-quatre provinces de la future confédération universelle. Enfin, la croix, qui domine le tout, figure la rédemption des peuples et de l'humanité. Et ce symbole est l'expression glorifiée du plus grand des sacrifices qu'une nation puisse accomplir, celui de donner son sang et la vie de ses enfants pour le triomphe de la vérité et de la justice.

*<br>* *

Le chef de l'État, représentant inamovible du suffrage national et dont la position dominante est comme un centre de ralliement général, qu'il faut rendre aussi visible que possible, aura un drapeau particulier pour le désigner personnellement dans ses diverses résidences et aux cérémonies officielles. Ce drapeau, symbole de l'unité, sera blanc et orné des mêmes attributs que le drapeau national, le soleil, les étoiles et la croix, qui seront reproduits en or sur l'emblème royal. Sa hampe sera surmontée de la couronne de France et ornée d'une ample cravate aux longs plis flottants, dont la couleur sera bleue avec franges d'argent en temps de paix et rouge avec franges d'or en temps de guerre.

Et chacun des représentants supérieurs de principauté, de duché, de comté, de baronnie et de nomérie aura aussi son drapeau particulier, qui sera un diminutif gradué de celui du chef de l'État. Il n'en différera que par la dimension et la forme de la couronne qui en surmontera la hampe. C'est-à-dire qu'après la couronne royale, il y aura la couronne princiale, la couronne ducale, la couronne comtale, la couronne baronniale et la couronne nomérienne, auxquelles on donnera une forme distinctive appropriée à l'ordre nouveau.

Enfin, aux deux Étendards de la France nouvelle correspondront deux hymnes nationaux : l'hymne de la guerre et l'hymne de la paix. L'hymne de la guerre étant déjà consacré par la *Marseillaise,* aucun autre ne pourrait lui être substitué. Et quant à l'hymne de la paix, pour lequel on a toute latitude, il sera mis au concours jusqu'à ce qu'on ait trouvé celui dont les paroles et la musique exprimeront le mieux les sentiments de la nation.

## LA LÉGION HUMANITAIRE SUBSTITUÉE A LA LÉGION D'HONNEUR

L'ordre de la Légion d'honneur, tombé en discrédit par l'abus et le mauvais emploi qui en ont été faits, sera aboli et remplacé par un ordre légionnaire plus en harmonie avec les institutions nouvelles de la France. Ce nouvel ordre, désigné sous le nom de *Légion humanitaire,* sera institué pour mettre en relief non seulement les actions d'héroïsme et les talents supérieurs, mais aussi toute œuvre importante qui aura pour but l'amélioration morale et matérielle de l'existence du plus grand nombre. Car souvent il est plus difficile et plus méritoire d'accomplir modestement et sans éclat des œuvres qui exigent un labeur patient et une constance dans le bien toujours la même, qu'un grand acte de courage, dont le principal mérite est quelquefois dans le seul fait d'avoir saisi à point l'occasion qui s'est présentée pour l'exécuter.

En général, l'homme juste, qui a le cœur droit, fait le bien pour lui-même et trouve sa meilleure récompense dans la seule satisfaction du devoir accompli. Mais il est bon, cependant, de mettre en évidence, en les honorant publiquement, les actions, les vertus, les œuvres exceptionnelles de ceux qui sont dignes de cette distinction particulière, pour les citer en exemple à leurs concitoyens et stimuler leurs bonnes qualités en fortifiant leur courage. C'est dans ce but, principalement, que la *Légion humanitaire* sera instituée, comme une sanction nationale accordée aux mérites supérieurs.

L'insigne de cette Légion reproduira exactement celui de l'étendard de la paix, c'est-à-dire qu'il sera formé d'un soleil avec son cercle d'étoiles et la croix, à laquelle le ruban sera attaché. Pour les actes se rapportant aux choses de la guerre, ce ruban sera rouge avec un petit liséré bleu, et pour ceux de la paix, il sera bleu avec un petit liséré rouge.

Mais, s'il est juste de faire honneur à un citoyen pour ses belles actions, il ne faut pas que cette glorification s'étende au delà des convenances sociales, en créant, à l'état permanent, une classe de décorés et de privilégiés au sein de la nation. Voilà pourquoi le port de la nouvelle décoration ne sera autorisé qu'aux cérémonies officielles et les jours de fêtes nationales.

Ainsi, l'élément civil et l'élément militaire se trouveront désormais confondus dans un même intérêt et marcheront ensemble dans un même esprit, sous l'étendard de la guerre comme sous l'étendard de la paix, suivant le cours des événements.

## CALENDRIER DES TEMPS NOUVEAUX

Dans les différentes évolutions de l'Humanité sur la terre à travers les siècles, les âges, les époques et les générations, il y a trois grandes phases qui en résument tout le développement historique. La première embrasse toute la période biblique, depuis les premiers temps du monde jusqu'à Jésus-Christ, et dans laquelle prédominent les évolutions de la grande Famille israélite, l'ancien peuple élu de Dieu.

La seconde phase, qui est le complément de la première, embrasse toute la période apostolique du christianisme, depuis Jésus-Christ jusqu'à la Rénovation française.

Et la troisième, qui est le complément des deux précédentes, manifestée au monde en 1789, arrive progressivement à la lumière des nations, à travers les crises, les luttes et les souffrances de l'enfantement. A cette heure, elle se développe dans sa force et dans sa virilité, et elle atteindra bientôt l'époque de sa confirmation. Et ce jour-là sera la consécration définitive, au sein de l'ordre social, des grands principes évangéliques que la France a déjà proclamés à la face du monde, pour préparer l'avènement des peuples et inaugurer, par la monarchie représentative, l'Ère universelle des temps nouveaux.

Et cette vraie République selon l'esprit chrétien, qui est le but final et universel de l'humanité sur le globe terrestre, sera vénérée un jour comme la Providence des peuples, parce qu'elle en sera véritablement la représentation vivante sur la terre. Les violences et les inepties commises antérieurement au nom de la République ne sont pas pires que les violences et les inepties commises au nom du christianisme ou de l'Évangile. Ces perturbations et ces erreurs ne sont que l'expression désordonnée de la lutte latente ou explosive de la lumière contre les ténèbres. Mais les erreurs passent et la vérité demeure, parce que les principes dont elle émane sont éternels.

Or, l'Ère de la troisième et dernière phase des grandes évolutions humaines, étant le complément des deux précédentes, aura aussi un calendrier qui en résumera les souvenirs et les principales manifestations. C'est pourquoi, dans l'ordre nouveau, il y aura trois calendriers : le calendrier israélite, le calendrier apostolique et le calendrier universel. Mais ces trois calendriers ne seront que trois formes différentes d'un seul et même calendrier : celui de la Rénovation française et de l'Ère universelle.

Dans le calendrier universel, l'année commencera le 25 décembre, et le nouvel an sera célébré en même temps que la naissance du Rédempteur du monde.

Les mois de l'Ère nouvelle seront simplement désignés selon leur ordre respectif : Premier mois, deuxième, troisième, quatrième, cinquième, sixième, septième, huitième, neuvième, dixième, onzième et douzième mois. Et les jours de la semaine également : Premier jour, deuxième, troisième, quatrième, cinquième, sixième et septième jours.

Dans l'usage on pourra conserver les dénominations consacrées par le temps, avec cette différence que les mois de l'ordre nouveau seront en avance d'une semaine sur ceux de l'ordre ancien. Ainsi le nouveau mois de janvier commencera le 25 décembre, février le 25 janvier, et de même pour les suivants.

Les noms des mois de l'ancien calendrier républicain, Nivôse, Germinal, Messidor, Vendémiaire, etc., si bien appropriés pour désigner les différentes saisons de l'année, ne peuvent être employés dans le calendrier universel, parce que leur signification, justifiée dans l'hémisphère nord, serait un contre-sens dans l'hémisphère sud où les saisons sont diamétralement opposées.

Dans l'ordre général du travail hebdomadaire, la semaine comprendra cinq jours de travail effectif, deux demi-journées de travail mixte, et une journée entière de repos et de liberté, qui sera le septième jour. Ainsi la semaine ouvrable commencera le premier jour à midi, et finira le sixième jour à midi. La première demi-journée sera employée à préparer le travail de la semaine, et la dernière demi-journée sera employée à exécuter tous les petits travaux qu'on serait obligé de faire le lendemain, destiné au repos.

De cette manière, le travailleur, pouvant consacrer quelques heures, chaque semaine, à cultiver son intelligence et à nourrir son esprit, sortira peu à peu de son abaissement et de son ignorance pour s'élever à la dignité d'homme libre. Tandis que, aujourd'hui, esclave du maître ou des exigences sociales, écrasé sous le poids de son labeur, il se voit presque réduit à envier le sort de la bête de somme, qui a au moins la nourriture, les soins et les égards que lui ne trouve pas toujours.

Les 365 jours de l'année de l'Ère nouvelle seront consacrés à la mémoire des personnages qui se sont le plus distingués dans les œuvres de progrès secial et d'humanité, et surtout par leur dévouement à la cause de la justice, de l'indépendance et de la liberté, soit à l'égard de leurs propres concitoyens, soit à l'égard des autres peuples et des étrangers. Ces personnages d'élite, vainqueurs du mal ou martyrs de l'humanité, seront choisis dans toutes les époques, depuis les premiers temps du monde jusqu'à maintenant, sans distinction de race, de pays, de croyance ou de nationalité, comme Jeanne d'Arc, saint Vincent de Paul, Washington. Et chaque nom de ceux qui auront mérité d'être inscrits au calendrier de la postérité, sera précédé du titre générique et uniforme d'*Honoré*. Ainsi on dira : Honorée Jeanne d'Arc, honoré Vincent de Paul, honoré Washington.

Les deux autres calendriers auront exactement les mêmes semaines, les mêmes jours de travail et de repos, la même dénomination des jours de la semaine, et commenceront aussi l'année le 25 décembre. Mais les noms des mois et les titres des personnages qui en marqueront les jours seront différents. Les douze mois du calendrier apostolique porteront les noms des douze apôtres de l'Évangile, en commençant par le mois de saint Paul, qui fut élu par l'Esprit, en remplacement de saint Pierre, devenu chef de l'apostolat chrétien, et finissant par le mois de saint Mathias, qui fut élu par le sort en remplacement de l'Iscariote. Les jours de l'année apostolique seront consacrés à la mémoire des principaux serviteurs de l'Évangile, depuis les apôtres jusqu'à maintenant, et leurs noms seront précédés du titre de *Saint*, comme dans l'ancien calendrier.

Les douze mois du calendrier israélite porteront les noms des douze tribus d'Israël, en commençant par le mois de Juda, le lion de Jacob, devenu l'aîné de l'Esprit, et finissant par le mois de Benjamin. Ruben, l'aîné des fils de Jacob, selon la chair, ayant manqué de respect à son père, sera non seulement déchu de son rang d'aînesse, mais encore rayé de la postérité, tandis que Joseph, séparé de ses frères et vendu par eux à des marchands d'esclaves, sera doublement représenté par ses deux fils, Éphraïm et Manassé. Les jours de l'année israélite seront consacrés à la mémoire des principaux personnages des temps bibliques, depuis le commencement du monde jusqu'à Jésus-Christ, et leurs noms seront précédés du titre honorifique de *Vénéré*.

Quand les noms inscrits sur le calendrier universel seront les mêmes que ceux du calendrier apostolique ou ceux du calendrier israélite, ces noms devront coïncider ensemble et être inscrits au même jour. De plus, une courte notice, publiée dans un recueil spécial, indiquera les motifs qui ont décidé du choix des personnages donnés en exemple à la postérité, dans chacun des trois calendriers, afin que les citoyens des générations qui suivent sachent en quoi ils doivent chercher à les imiter, s'attachant à leurs qualités et non à leurs défauts, dont les plus grands saints eux-mêmes peuvent ne pas être exempts.

## FÊTES GÉNÉRALES

Il y aura, dans l'année de l'Ère nouvelle, quatre fêtes générales, qui se succéderont de trois mois en trois mois, et chacune de ces fêtes durera trois jours. La première aura lieu le 25 décembre, c'est-à-dire le premier jour du premier mois, le premier jour du mois de saint Paul et le premier jour du mois de Juda. La veille de ce jour sera consacrée à la naissance de Moïse, libérateur du peuple israélite; le jour même sera consacré à la naissance de Jésus-Christ, rédempteur du monde; et le lendemain, troisième jour, sera consacré à la naissance de la République nouvelle, libératrice de tous les peuples de la terre.

La seconde fête aura lieu le premier dimanche du quatrième mois, correspondant à la fin du mois de mars. La veille de ce jour sera consacrée à la Pâque israélite, le jour. même sera consacré à la Pâque chrétienne, et le lendemain, troisième jour, sera consacré à la Pâque universelle.

La troisième fête aura lieu le premier jour du septième mois, correspondant au 24 juin. La veille de ce jour sera consacrée au triomphe d'Israël, en possession de la Terre promise ; le jour même sera consacré au triomphe de l'Évangile, en possession des âmes ; et le lendemain, troisième jour, sera consacré au triomphe de la République nouvelle, en possession d'elle-même sur l'esprit des nations.

La quatrième fête aura lieu le premier jour du dixième mois, correspondant au 24 septembre. La veille de ce jour sera consacrée à la fête des Industries, comprenant l'agriculture et le travail manuel en général ; le jour même sera consacré à la fête des Sciences, et le lendemain, troisième jour, sera consacré à la fête des Arts.

Indépendamment de ces quatre fêtes générales, il y aura encore l'Ascension, l'Assomption, la Toussaint et la fête des Morts, du calendrier chrétien, qui seront conservées dans le calendrier universel.

Enfin, les jours ouvrables et les jours de repos hebdomadaire seront les mêmes dans les trois calendriers, et le sabbat des Israélites et le dimanche des chrétiens seront chômés et fêtés en même temps le septième jour, chez tous les peuples en possession des principes de la République française, la Terre promise du Monde nouveau.

# CONSTITUTION DU NOUVEL ORDRE POLITIQUE

La Constitution ou loi fondamentale du nouvel ordre politique peut se résumer, comme suit, en trois mots et trois articles :

UNITÉ, LIBERTÉ, FRATERNITÉ.

*Article premier.*

LA SOUVERAINETÉ NATIONALE EST INVIOLABLE.

*Art. 2.*

L'EXERCICE DE LA SOUVERAINETÉ NATIONALE RÉSIDE DANS LE SUFFRAGE UNIVERSEL DE TOUS LES CITOYENS ET CITOYENNES MAJEURS.

*Art. 3.*

LA MAJORITÉ LÉGALE DES CITOYENS ET DES CITOYENNES EST FIXÉE A L'AGE DE VINGT ET UN ANS RÉVOLUS, MAIS ILS NE SONT ÉLIGIBLES QU'APRÈS VINGT-CINQ ANS ACCOMPLIS.

Comme cela est juste, cette Constitution n'exclut pas les femmes de leur part légitime dans la gestion des intérêts publics, et elle suffit à conserver intégralement le principe fondamental de la Souveraineté nationale. Ce qu'on ajouterait de plus aux trois mots et aux trois articles qu'elle contient, serait de trop et nuirait, sinon à l'indépendance du corps électoral d'aujourd'hui, au moins à celle du corps électoral de demain : car ce dernier, n'étant pas encore majeur au moment de la promulgation, se trouverait d'avance lié par un contrat auquel il n'aurait point participé et qu'il serait obligé de subir, lors même qu'il serait contraire à ses intérêts.

# TRANSFORMATION DES TUILERIES

## EN QUARTIER GÉNÉRAL

## DE LA REPRÉSENTATION NATIONALE

---

### BASE ADMINISTRATIVE DU PROJET

Pour l'intelligence du projet concernant la reconstruction et la destination nouvelle du palais des Tuileries, il suffira de dire que la Représentation nationale, organisée d'une manière définitive sur un plan d'ensemble d'ordre général et universel, comprendra :

Un chef d'État ;

Une Commission exécutive de vingt-cinq représentants ;

Une Assemblée nationale de trois cents membres, dont cent cinquante représentants et cent cinquante représentantes.

* *
*

On s'étonnera, sans doute, de l'admission des femmes dans la Représentation nationale, quand il faudrait plutôt s'étonner de leur exclusion. Car rien n'est plus nuisible à la force expansive de l'action et de la volonté que la séparation de deux éléments, constitués fondamentalement indispensables l'un à l'autre, sous le rapport moral aussi bien que sous le rapport physique.

D'ailleurs, dans l'ordre universel, rien n'est inférieur ou supérieur proprement dit, quand ce qui est occupe sa place naturelle. Voilà pourquoi, dans l'ordre législatif, la femme ne doit pas être substituée au législateur, mais seulement le compléter. Alors le centre de la vie politique sera justement considéré comme le foyer de la vie nationale, et non comme un cercle de célibataires, indifférents ou étrangers aux intérêts les plus sérieux de la famille et de la société.

Si les hommes ont pour eux les études sérieuses, calmes, approfondies, les femmes auront pour elles l'impulsion, la chaleur des sentiments, l'enthousiasme, aussi nécessaires que la science la plus positive pour accomplir les grandes choses de l'avenir.

Et cette union, sagement coordonnée, désormais indispensable au relèvement du pays, doublera la puissance de la manifestation nationale au sein du parlement.

Il n'est donc pas nécessaire, pour les femmes, d'acquérir une instruction spéciale, plus particulièrement développée, pour remplir efficacement leur nouvelle mission. Elles doivent, avant tout, rester elles-mêmes, et n'être point différentes dans l'ordre politique de ce qu'elles sont en réalité dans l'ordre social.

Dans la pratique, leur élection se fera de la même manière et dans les mêmes locaux que celle des représentants, mais le lendemain seulement, pour éviter toute confusion. Au début, pour donner au nouveau régime le temps de se fortifier, les femmes élues seront simples auditrices dans l'enceinte législative, et ne participeront pas aux discussions publiques avec les représentants. Dans les projets à l'ordre du jour, elles donneront simplement leur avis, par écrit, délibéré entre elles dans leurs réunions particulières, et le résultat de leurs appréciations sera lu en séance publique par leur présidente déléguée. Mais quant au vote général des lois en délibération, il n'y aura aucune différence entre les bulletins des représentantes et ceux des représentants.

*
*  *

Selon la nouvelle organisation parlementaire, les trois cents membres de l'Assemblée nationale seront organisés entre eux en douze sections de vingt-cinq représentants, et chaque section sera subdivisée en cinq comités de cinq représentants chacun.

Dans leur installation, quand des questions importantes seront à l'étude, il faut que les sections et les comités désirant compléter leurs appréciations puissent inviter dans leurs réunions particulières des personnes étrangères au Parlement, mais compétentes sur les questions à l'ordre du jour, pour s'éclairer de leurs lumières spéciales et ne rien négliger de ce qui peut être favorable aux intérêts du peuple, de la nation et de l'humanité.

### DISPOSITIONS PRINCIPALES

Ainsi, d'après ce qui précède, pour contenir le siège du gouvernement et de la Représentation nationale, le nouveau palais des Tuileries devra donc réunir dans un même plan d'ensemble :

1° L'habitation officielle du chef de l'État;

2° Une salle spéciale pour les réunions de la Commission exécutive;

3° La salle générale des séances de l'Assemblée et deux autres salles complémentaires, réunies sur un même plan. L'une de ces dernières sera affectée aux séances particulières des représentants, et l'autre aux séances particulières des représentantes. La salle générale devra contenir les trois cents membres du Parlement, et les deux autres, chacune cent cinquante;

4° L'habitation officielle du président de l'Assemblée nationale ;

5° La questure, comprenant, avec l'administration des intérêts particuliers de l'Assemblée, quelques salles supplémentaires pour les commissions spéciales d'études ;

6° Les bureaux particuliers des trois cents membres du Parlement répartis en douze sections, dont six de représentants et six de représentantes, de manière à ce que chaque section ait une salle de réunion particulière, chaque comité son parloir, et chaque représentant son cabinet de travail avec les accessoires de toilette ;

7° Une bibliothèque pour contenir, à la fois, les archives de l'Assemblée et les ouvrages nécessaires à ses travaux ;

8° Une petite imprimerie à l'usage particulier de l'Assemblée, servant aussi à l'impression des dépêches d'intérêt public et des communications importantes à faire aux journaux ;

9° Un bureau de poste et de télégraphie ;

10° Enfin, une grande salle pour table d'hôte ou buffet-restaurant à l'usage particulier des représentants, avec l'habitation de son directeur en chef. Cette salle devra donc contenir au moins trois cents couverts et tous les accessoires du service de la manducation. De plus, une table principale devra être réservée pour le chef de l'État et les principaux membres du gouvernement, afin de pouvoir réunir, suivant les circonstances, toute la Représentation nationale dans une même enceinte.

Telles sont les conditions essentielles que devra réunir le nouveau palais des Tuileries transformé en quartier général de la Représentation nationale, et dont le plan ci-joint indique les dispositions principales.

### DISPOSITIONS COMPLÉMENTAIRES

L'ensemble des diverses constructions du quartier de la

Représentation nationale sera relié et comme encadré par une ceinture de vastes galeries, au rez-de-chaussée et au premier étage. Ces galeries seront formées par les corps de bâtiment élevés sur la rue de Rivoli, sur le jardin, sur le quai et sur la place du Carrousel. Les galeries du rez-de-chaussée, salles immenses des Pas-Perdus, seront publiques et occupées en partie par des étalagistes, afin que les représentants puissent avoir, pour ainsi dire, sous la main tout ce qui sera nécessaire à leurs travaux. Les galeries du premier étage seront réservées aux fêtes nationales et aux soirées parlementaires.

La présidence, la questure et les bureaux parlementaires auront leur entrée principale sur la cour des Tuileries. Du côté opposé, sur la cour de Flore et sur la cour de Marsan, leurs façades reproduiront l'architecture existante de celles qui leur feront pendant, sans qu'il soit nécessaire d'en coordonner les ouvertures avec celles de l'intérieur, dont elles seront séparées par des galeries de pourtour. La plupart de ces ouvertures, d'ailleurs, pourront être masquées ou remplacées par des motifs d'ornementation. De cette manière, toute liberté sera laissée aux architectes pour la disposition intérieure des divers aménagements du nouvel édifice.

Une seule entrée monumentale, élevée vers le point d'intersection de l'axe de la cour du Louvre avec l'axe de l'Arc de triomphe, communiquera de la place du Carrousel à la cour des Tuileries. Et cet Arc de triomphe, qui aujourd'hui est comme perdu au milieu d'une place beaucoup trop spacieuse, dont il fait ressortir encore l'irrégularité, se trouvera alors proportionné aux dimensions plus restreintes, mais aussi plus régulières de son nouvel encadrement architectural.

Du côté du jardin, deux grands perrons, élevés chacun sur une large arcade, communiqueront des galeries du premier étage aux terrasses par les pavillons de Flore et de Marsan. Ces deux perrons donneront un aspect plus monumental à la façade principale du palais, et accompagneront l'avant-corps formé par l'habitation nouvelle du chef de l'État. La transformation des deux pavillons en coupoles d'angle, faisant disparaître la toiture et les cheminées si disgracieuses de ces pavillons, modifierait aussi d'une manière très avantageuse les grandes lignes architecturales de l'édifice, qui alors présenterait sur le jardin un ensemble des plus imposants.

GROUPES SYMBOLIQUES

Afin de coordonner l'harmonie de l'architecture avec celle des institutions, il est nécessaire d'indiquer aussi les principaux groupes symboliques qui doivent concourir à l'ornementation générale de l'édifice et en figurer la destination.

Ainsi, la devise de l'ordre nouveau : Unité, Liberté, Fraternité, formera trois groupes distincts qui orneront la façade générale des trois salles parlementaires. Le groupe de l'Unité sera placé au milieu, au-dessus de la salle générale des séances; celui de la Liberté, à droite, au-dessus de la salle particulière des représentants, et celui de la Fraternité à gauche, au-dessus de la salle particulière des représentantes, la droite et la gauche de l'édifice étant l'inverse de celle du spectateur.

La présidence et la questure, ainsi que la réunion des bureaux des représentants et celle des bureaux des représentantes, dont les façades seront placées vis-à-vis les unes des autres sur la cour des Tuileries, auront aussi leur frontispice particulier et distinctif coordonné avec l'ensemble de leur architecture.

La grande façade, qui se développerait sur le jardin entre le quai et la rue de Rivoli, contiendra sept groupes principaux qui symboliseront les sept parties du monde selon la géographie du nouvel ordre universel, c'est-à-dire : l'Europe, l'Asie, l'Afrique, l'Amérique, la Colombie ou Amérique du Sud, l'Océanie et le Territoire pantopolitain ou Patrimoine universel, formant la septième partie du monde. Ne pouvant entrer ici dans de longues explications à ce sujet, nous dirons seulement que ce dernier territoire de la géographie nouvelle, formé d'une partie de l'Europe et d'une partie de l'Asie, à l'ouest et à l'est du Bosphore, résumera, sous forme de colonies, tous les grands États de la Confédération universelle. Cela suffit pour indiquer l'importance de ce groupe supérieur. Ce dernier sera placé au milieu de la façade principale du palais du chef de l'État.. A droite il y aura l'Europe et à gauche l'Asie. Sur la partie en retraite de la façade générale, qui s'étend sur l'alignement des pavillons de Flore et de Marsan, il y aura, vers l'intérieur, à droite, l'Afrique, et à gauche, l'Amérique ; et, vers les extrémités, à droite, la Colombie et, à gauche, l'Océanie.

Enfin, pour couronner le grand édifice de la Représentation nationale, le pavillon central de l'Horloge sera remplacé par une belle coupole élancée, qui sera surmontée d'un puissant phare électrique. De plus, la naissance de la coupole sera entourée de douze globes lumineux supportés par douze contreforts adossés à ses flancs. Ces douze globes de lumière représenteront les douze provinces régionales de la nouvelle division politique et territoriale de la France. Aux quatre extrémités et un peu à distance de la coupole centrale, il y aura quatre tourelles surmontées de grandes lanternes, dont la structure élégante et variée présentera l'aspect de quatre colossals flambeaux.

Le phare de la coupole et les quatre lanternes des tourelles représenteront le foyer central de la vie nationale et ses principaux éléments. Le phare symbolisera l'Administration supérieure et centrale, et les quatre lanternes symboliseront les quatre branches mères du travail et de l'activité sociale, c'est-à-dire : les Sciences, les Arts, les Industries et les Subsistances.

Ces tourelles, qui seront comme les porte-lumières du peuple au sein du quartier général de la représentation nationale, accompagneront la coupole centrale et seront éclairées avec elle, non seulement pendant les fêtes nationales, mais dans toutes les manifestations importantes de la vie publique.

Et cette lumière, qui jaillira du centre de Paris régénéré, sera le symbole de la vie nouvelle qui répandra au loin ses bienfaisantes clartés, et elle portera l'espérance au cœur de ceux qui n'ont connu, jusqu'à ce jour, que les anxiétés de la vie à travers les sentiers obscurs de leur existence ignorée.

Ainsi qu'on vient de le voir, tous les sujets symboliques mentionnés dans les principales parties du grand édifice de l'Administration supérieure ont leur raison d'être, chacun à la place qui lui est désignée, et sont eux-mêmes le résultat d'une organisation d'ensemble qui s'étend de Paris à la France, et de la France au monde entier. Et cette organisation peut s'appliquer individuellement pour chaque pays, lors même que son application générale ne se réaliserait point. C'est un cadre immense dans lequel chaque peuple et chaque chose trouvent leur place naturelle, et c'est aussi un fondement sur lequel les réformes sociales, comme les pierres d'un édifice en construction, viendront s'ajouter les unes aux autres jusqu'à ce que l'œuvre entière, achevée dans ses différentes parties, soit arrivée au faîte de son élévation.

L'ordre nouveau pouvant s'appliquer individuellement, même dans une simple commune, on comprendra facilement que, si chaque peuple l'appliquait dans un plan d'ensemble, chacun en ce qui le concerne, l'ordre général se trouverait réalisé de lui-même, tout naturellement et sans efforts ; tandis que, sans un plan d'ensemble, l'harmonie internationale ne pourrait jamais s'accomplir. Car tout peuple qui veut se développer au détriment des autres peuples crée non seulement des obstacles à l'établissement de l'ordre universel, mais il se prépare pour lui-même une décadence dont il subit tôt ou tard les funestes effets, ainsi que cela est arrivé, sans une seule exception jusqu'à présent, à tous les grands empires qui ont voulu dominer le monde.

# DISTRIBUTION GÉNÉRALE DU QUARTIER

## DE LA

# NOUVELLE REPRÉSENTATION NATIONALE

ÉTABLIE SUR L'EMPLACEMENT DE LA COUR ET DE L'ANCIEN PALAIS DES TUILERIES

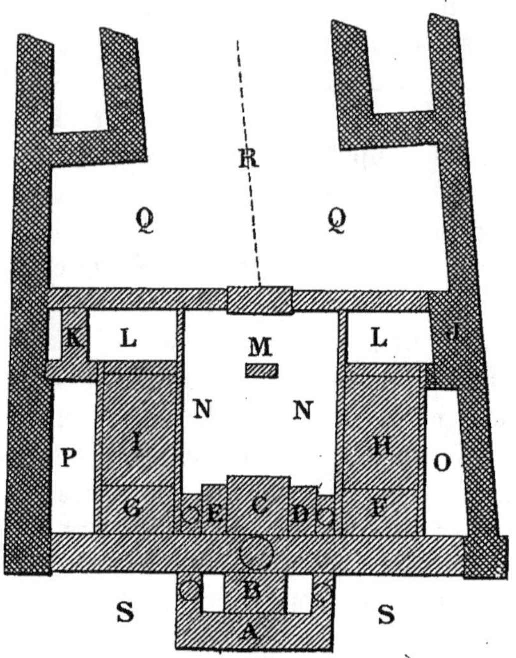


LÉGENDE.

A. Résidence officielle du chef de l'Etat.

B. Salle de réunion de la Commission exécutive, élevée sur voûte au-dessus de la cour des bâtiments du chef de l'Etat et de plain-pied avec le premier étage.

C. Salle générale des séances parlementaires.

D. Salle particulière des représentants.

E. Salle particulière des représentantes.

F. Présidence.

G. Questure.

H. Bureaux particuliers des représentants.

I. Bureaux particuliers des représentantes.

J. Bibliothèque placée dans le corps de bâtiment de l'ancienne salle des Etats.

K. Buffet-restaurant.

L. Jardins d'hiver.

M. Arc de triomphe.

N. Cour des Tuileries.

O. Cour de Flore.

P. Cour de Marsan.

Q. Place du Carrousel.

R. Axe de la cour du Louvre.

S. Jardin des Tuileries. L'imprimerie, la poste et le télégraphe seront placés au rez-de-chaussée des salles parlementaires, à droite, la poste et le télégraphe, et, à gauche, l'imprimerie, le milieu devant être réservé à l'entrée principale des séances.

# PROGRAMME AVANT-GARDE

LIMITÉ AUX TROIS REVENDICATIONS PRIMORDIALES

DU NOUVEL ORDRE POLITIQUE

La révision des pouvoirs publics étant la base fondamentale de l'ordre nouveau, pour établir dès maintenant cette grande réforme nationale indispensable à la bonne gestion des intérêts de tous, et mettre fin aux crises ministérielles qui troublent si souvent la marche régulière des affaires publiques, tous ceux qui veulent sincèrement le gouvernement du pays par le pays, l'ordre et la justice avec la liberté, monarchistes ou républicains, doivent réclamer avant tout :

1° Une Assemblée unique, permanente, renouvelée par moitié, annuellement, à une époque régulière et déterminée;

2° Une Commission exécutive de vingt-quatre représentants, nommée directement par l'Assemblée, et que les ministres soient pris en dehors du parlement comme directeurs spéciaux de leur propre ministère;

3° Le droit, pour les électeurs, de révoquer tout représentant, infidèle à son mandat, sans l'autorisation préalable du gouvernement.

Il est inutile, à l'heure présente, d'ajouter d'autres revendications à celles qui précèdent, car, tant que ces réformes essentielles et fondamentales n'auront pas été obtenues, toutes les autres demeureront lettre morte et ne pourront jamais être sérieusement appliquées. Et, d'ailleurs, dans l'état actuel d'incohérence et de corruption administratives, tout programme électoral qui n'aurait pas pour base ces trois revendications primordiales serait complètement insuffisant pour relever le pays et le mettre à la hauteur de ses nouvelles destinées.

## PRÉSIDENCE DE LA RÉPUBLIQUE

La Présidence de la République est à l'unité nationale ce que le centre est à la circonférence, et son existence est aussi nécessaire au fonctionnement régulier de l'administration qu'au maintien normal de l'ordre établi. Elle sera donc conservée dans son intégrité jusqu'à la constitution définitive du régime nouveau. Il y aura seulement cette différence, pour le premier magistrat de l'ordre actuel, qu'au lieu de présider le conseil des ministres, devenus simples administrateurs de leur département respectif, il présidera désormais la Commission exécutive dans les mêmes conditions. Et, comme auparavant, sa mission principale sera de faire les honneurs du pays, laissant à l'Assemblée le soin d'en administrer les intérêts.

*<br>* *

Cette révision des pouvoirs publics étant indépendante de la forme extérieure et nominative du gouvernement, quand on aura compris qu'il vaut mieux avoir des institutions républicaines avec des noms monarchiques, plutôt qu'un régime anti-démocratique avec des noms républicains, comme celui de la Constitution inextricable et dissolvante qui régit le pays dans le parlementarisme actuel, on arrivera facilement à se convaincre que le véritable régime des nations majeures est celui d'une monarchie représentative ou républicaine, c'est-à-dire un État dans lequel le roi, élu à vie comme un simple président, peut toujours faire le bien par initiative individuelle, mais ne pourrait jamais agir contre la volonté de la nation.

Car cette forme supérieure des gouvernements de l'avenir, réunissant en elle-même la puissance de l'action à la splendeur de la liberté, est bien réellement celle qui convient le mieux aux pays libres, surtout à un peuple qui aspire à monter, non à descendre.

Il est donc à désirer que cette forme définitive de l'ordre nouveau se réalise au plus tôt pour la France, car, dès ce jour, elle retrouvera la force et le prestige qui lui sont nécessaires pour accomplir la mission glorieuse et civilisatrice qui lui a été dévolue dans le monde à l'égard des peuples et de l'humanité.

Et quand ce régime des temps majeurs aura prévalu dans l'esprit de la nation, la mission royale de son premier représentant, limitée aux fonctions honorifiques de l'État, n'ayant rien d'oppressif ni d'autoritaire, la nouvelle monarchie sera par cela même à l'abri de toute perturbation insurrectionnelle, le pouvoir souverain, dans tous les cas, demeurant toujours inaliénable entre les mains du pays.

*
* *

Selon le Plan du Livre-Précurseur, l'organisation nouvelle ne sera donc pas la restauration d'une monarchie ancienne, constitutionnelle ou moderne, mais bien, en réalité, une monarchie nouvelle et véritablement nationale, établie dans les meilleures conditions de grandeur et de stabilité.

Et cette organisation est tellement en dehors de tout esprit de parti que le plus honnête et le plus loyal des princes français, le comte de Chambord, aurait pu en être le glorieux fondateur. Conservant tout entière la foi de ses pères, à l'exception du droit dynastique, justement remplacé par le droit national, et sans même se heurter au drapeau tricolore, il n'aurait eu qu'à ajouter quatre fleurs de lys aux quatre coins du drapeau de la France nouvelle, comme un signe d'alliance et d'union nationales qui se serait perpétué dans les générations futures.

Et le dernier rejeton d'une race qui a illustré la France dans les siècles passés, serait devenu ainsi, pour les siècles à venir, comme un trait d'union majestueux et sublime qui aurait relié dans un magnifique élan d'enthousiasme l'ordre ancien à l'ordre nouveau.

On ne l'a pas voulu.

Et c'est infiniment regrettable , car nul autre que le comte de Chambord ne pouvait remplir, au même degré, cette glorieuse mission à laquelle il paraissait destiné. Mais, en exprimant ses profonds regrets sur celui qui semble avoir emporté dans la tombe les espérances les plus légitimes, il faut se dire, en même temps, que les décrets de la Providence sont impénétrables, et se dire aussi que ce qui arrive et se réalise, dans la suite, d'une manière imprévue est quelquefois bien supérieur à ce qu'on avait désiré ou rêvé avec le plus de conviction et de persévérance antérieurement.

Que les hommes de cœur, restés fidèles aux souvenirs du passé, ne se découragent donc pas, car, plus que jamais, la société a besoin de leur intelligente initiative pour accomplir cette grande alliance historique de la France des temps anciens avec la France des temps nouveaux. Qu'ils consacrent désormais tous leurs efforts, non plus sur un prince, sur un homme toujours fragile et mortel, mais sur l'idée toujours constante et vivante, puisée dans les principes immortels de l'Évangile. Et quand on verra les hommes les plus autorisés entrer résolument dans la voie des justes revendications du peuple, un élan universel se produira au sein des populations qui, en un seul jour, effacera tous les antagonismes et toutes les haines que les divisions politiques avaient entretenues jusqu'alors.

Dans cette union intime de tous les esprits, de toutes les classes et de tous les partis, du passé, du présent et de l'avenir, les saines croyances renaîtront bientôt dans les âmes, la sérénité dans les cœurs et la paix au sein des familles.

Car, si le peuple, détaché de la foi chrétienne, erre aujourd'hui dans l'inconnu et cherche à s'orienter dans les ténèbres, c'est que l'Église, ignorant l'évolution mystérieuse qui s'est accomplie au sein des nouvelles générations, se trouve, pour ainsi dire, isolée du monde et de la société, comme si elle avait perdu elle-même sa propre voie. Sans doute, les missionnaires du christianisme ont toujours avec eux, pour se diriger à travers les siècles, la boussole de l'Évangile. Mais cette boussole, qu'ils ont négligé trop souvent de consulter, a fini par se couvrir d'un voile de vétusté qui empêche d'en distinguer l'orientation.

C'est donc aux hommes de foi et d'avenir, ceux, surtout, auxquels Dieu a donné, plus particulièrement, le don de la parole et de la persuasion, à fortifier les uns dans la haute mission civilisatrice et humanitaire qu'ils ont embrassée, à relever le courage de ceux qui faiblissent, et montrer à tous, en pleine lumière, la grande voie des vérités éternelles.

Alors, on ne comprendra plus qu'un plan d'organisation générale, conçu dans ce même esprit, dont la base est aussi solide que ses proportions grandioses, doive rester à jamais dans l'état de simple utopie, mais bien plutôt entrer à pleines voiles dans les grandes eaux de la rénovation universelle.

## APPEL AU SUFFRAGE NATIONAL

### AU PEUPLE FRANÇAIS

Le programme qui précède, limité aux trois réformes primordiales de l'administration supérieure, comme simple avant-garde du programme général, s'adresse non seulement à ceux qui sont plus directement assujettis à l'omnipotence oppressive des pouvoirs publics, mais à tous ceux qui ont à cœur le relèvement de la patrie et le bien-être social, c'est-à-dire au Peuple entier en qui résident, effectivement, l'avenir de la France et le salut du pays.

Et, en vérité, si le Peuple, inconscient de sa propre destinée, ne savait pas unir ses forces sur un point déterminé, commun à tous les travailleurs et à tous les citoyens; s'il était impuissant à manifester sa vitalité pour préparer son avènement et assurer son triomphe, quel avenir et quelle amélioration générale pourrait-on espérer? Ce serait, pour les déshérités, la perpétuité du désordre, de la tyrannie et de l'esclavage, et, pour la société tout entière, une décadence complète, irrémédiable.

Celui qui agit seul se meut dans le vide, et sa voix se perd dans le désert. Comment pourrait-il déplacer les montagnes et remettre les pouvoirs publics dans le droit chemin?

Mais ce qui est impossible à un simple individu devient facile à l'union de tous, si tous prennent en mains l'instrument des grandes revendications nationales, si tous adoptent le Programme libérateur comme un levier puissant, irrésistible, commun à toute la France.

Que le peuple, que tous les citoyens désireux de s'élever en dignité, en force et en bien-être dans le plein exercice de leur majorité civique, réunissent donc, dans ce but, sans se laisser dominer par l'esprit de parti, toutes leurs volontés en une seule volonté; qu'ils n'aillent ni à droite ni à gauche, mais directement vers l'unique objet de leurs aspirations et de leur salut, et, subordonnant toutes les questions qui les divisent à cette question fondamentale, ils cimenteront leur union et leur liberté sur un roc inébranlable que nulle puissance humaine ne pourra plus détruire désormais.

### AUX FEMMES DE FRANCE

Il ne suffit plus aux Femmes de France de se dévouer aux blessés de la guerre, aux victimes de l'industrie, aux étiolés de la misère, aux désespérés de la vie. Dans cette œuvre immense de régénération nationale et universelle, il faut